宗教学关键词
（第一辑）

金 泽 主 编
袁朝晖 卓玲明 副主编

洁净与污染

陈锐钢 著

商务印书馆
创于1897 The Commercial Press

国家社会科学基金重大项目“宗教学理论的基本范畴研究”（22&ZD254）系列成果

宗教学关键词
总　序

宗教学研究在人文社科领域中属于跨学科的一个领域。来自不同学科的诸多学者在这一领域辛勤耕耘多年：宗教史领域的各个宗教史、教派史、地域宗教史、各国宗教史、通史、断代史、专题史的研究成果累累；宗教学理论则在其发展进程中形成了宗教社会学、宗教人类学、宗教心理学、宗教生态学、宗教与哲学、宗教与政治、宗教与艺术、宗教与科学等诸多分支学科，无论是国际还是国内的研究成果，都不断地推陈出新。相对于宗教史方面的研究成果和已经具有相当规模的现状调研和政策分析，对宗教学基本理论的建构性研究，无论是成果总量还是从业的专家学者数量都明显偏少。为此，在国家社科基金重大项目“宗教学理论建设的基本范畴研究”框架下，我们推出“宗教学关键词”研究系列，意在为进一步推动宗教学理论的发展提供平台，使中国的马克思主义宗教学理论研究形成具有中国特色的理论体系，同时吸引更多的学者（特别是中青年学者）关注和投身宗教学基本理论研究。

目前，国内外关于宗教的各类词典已有不少，或是全域性的或专门针对某个宗教，体量不等，大多词条少约百字多则千字计。如，1985 年伊利亚德主编了英文版《宗教大百科全书》，涵盖面很广，多数词条字数较少，虽有少数词条字数较多，但多是某一宗教或宗派的介绍。“宗教学关键词”研究系列并非一般的词典或百科全书式编纂，而是系统性的专题研究，无论是从体量上还是从性质上来说都属于学术研究与探讨。探讨的每个关键词都是宗教学理论的一个基本范畴。这种探讨的基础是相关学术史的发展历程和积累，同时也具有面向当代的问题意识。是对传统的“继往”，更是为学科的“开来”。

“宗教学关键词”研究系列体现三个特征：一是继承性、民族性；二是原创性、时代性；三是系统性、专业性。宗教学理论产生于西方，而我们的目标是形成以马克思主义宗教观为指导、立足于中国社会、体现中国各宗教历史发展和互动特色、系统化的宗教学理论，因此这个研究系列“既要立足本国实际，又要开门搞研究”：它的立场和方法是马克思主义的，它的情怀是中国的，它的眼界是世界的。

首先，马克思主义、马克思主义宗教观、马克思主义宗教学理论，三者虽有侧重点与关注面的不同，在人类认识自然与社会的整个知识体系中的位置和功能也不相同，却具有内在的贯通性。这种贯通性主要体现在马克思主义宗教学理论是以马克思主义作为它最根本的立场、观点和方法。无论面对大千世界的何种宗教现象，无论面对古往今来的何种关于宗教的理论学说，马克思主义宗教学理论都运用马克思主义的基本立场、观点和方法加以分析、定位和扬弃。而马克思主义的基本立场、观点和方法，最主要的就是历史唯物主义和辩证唯物主义。马克思主义宗教观主要是马克思、恩格斯、列宁等人在运用历史唯物主义和辩证唯物主义分析、阐释宗教现象、宗教形态、宗教学说和宗教运动的过程中，提出的一些基本论断和观点。今天，当我们面对千姿百态、复杂纷纭的宗教现象与学说时，特别是遇到与马克思、恩格斯、列宁他们得出那些具体论断所依据的生活时空不同的时空场景时，我们要像马克思他们那样，运用历史唯物主义和辩证唯物主义对当下的宗教问题做出与时俱进的分析和判断。

其次，作为生活在中国这块土地上的21世纪的中国人来构建马克思主义宗教学理论，我们与马克思、恩格斯、列宁他们生活的时代不同、国度不同，面对的问题也有差异，我们有中国的文化传统和背景，我们经历了与西欧和俄国不一样的现代化进程，我们国家处理国内国际问题的历史经历和经验也与当代的其他国家有所不同，所以我们是带着中国情怀建构中国马克思主义宗教学理论体系的。所谓中国情怀，我理解至少有三重含义。第一，中国情怀基于我们有着悠久的人文主义传统。这个人文主义传统内容非常丰富，在中国复杂的宗教信仰丛林中，有一条主线贯穿其中，这就是和宗法制度紧密结合的“祖先崇拜”“天命崇拜”和“圣贤崇拜”，这条主线影响了世世代代中国人生活的方方面面，更使中国人的宗教意识独具一格。第二，中国情怀在于中国有着特殊的有关宗教的历史经验。在中国历史上，尽管各种宗教层出不穷，儒家学说宗教化倾向日趋明显，有的地区也确实出现过程度不同、时间长短不一的政教合一政权，但从全国政权的性质观察，始终是世俗的王权居统治地位。宗教不仅根本就没有实现过大一统，而且大多数处于“助王政之禁律，益仁智之善性”的辅佐地位。中国宗教的演进，绝大多数是以和平方式进行的，未经突变的革命，更没有对旧宗教的彻底荡涤；各宗教互相渗透，在分化中有融合，在演进中有积淀。第三，中国情怀还源于近现代中国社会的巨变，中国人争取民族独立和社会民主的奋斗历程，世界战争、政治、经济、宗教的格局演变及其对中国诸宗教的影响，特别是中国共产党建党百年来处理宗教问题的实践经验，使近现代中国人不仅有历史传统的影响积淀，而且在大起大落的风云变幻中对宗教的社会历史作用有了切身的体验和感受。

最后，人类对自然和社会的认知是个不断探索、大浪淘沙的过程，而认知的获得一是来自人类追求真理过程中的实践和实验，二是来自与前人和同时代人认知成果的对话。它们包括马克思主义基本原理、马克思主义中国化的成果及其文化形态、中华优秀传统文化，以及世界上所有国家哲学社会科学研究取得的积极成果。正如毛泽东所说，“我们的态度是批判地接受我们自己的历史遗产和外国的思想。我们既反对盲目接受任何思想也反对盲目抵制任何思想。我们中国人必须用我们自己的头脑进行思考，并决定什么东西能在我们自己的土壤里生长起来”。与各种实践实验成果和认知成果的互动，既是吸纳，也是扬弃，既有批判，也有创新。只有在此基础上，才能实现在建构中国马克思主义宗教学理论体系中树立学术的主体性的目标。

中国马克思主义宗教学理论体系的建设任重道远，只要我们秉持的立场方法是马克思主义的，情怀是中国的，眼界是世界的，就能行稳致远。

“宗教学关键词”研究系列意在突出以下特点：一是在充分吸收、体现和反思国际宗教学界的相关研究成果的基础上，做出对各个范畴的系统性梳理与研究，同时也体现出国内学界对这些范畴的研究状况等。二是凸显问题意识，对已有的相关成果，不论是中国的还是外国的，都要带有批判的眼光，在发现问题、提出问题和解决问题的过程中推进理论的发展或提升。三是注意吸收中国经验，将中国历史文献与当前田野调研中的宗教现象、现状同现有的宗教学理论相对照，探寻新的理论生长点。四是引介一些范畴的新研究成果，虽然它们可能会略显不成熟或令人一时不好接受，但为我们提供了可以借鉴和带来启发的认识工具和分析工具。

为此，每个范畴的成果体量平均为七万字，包含的内容主要有：（1）这个范畴的起源、发展的学术历程；（2）这个范畴的基本内容；（3）与这个范畴相关的代表人物、学派及其主要观点；（4）这个范畴与相关学科或分支的基本关系和作用等；（5）这个范畴在中国的研究脉络；（6）这个范畴的进一步开拓点；（7）与此范畴相关的重要的中外参考文献。

“宗教学关键词”研究系列的出版，要感谢商务印书馆的大力支持。研究系列计划以“辑”为出版单位，每辑涵盖七个基本范畴，成熟一辑出版一辑。这一系列研究将出自众学者之手，既是大家对这一研究发展方向的认可，也是每位参与人为宗教学研究添砖加瓦的成果。若真能达到预想的学术建设和积累目标，不仅中国宗教学理论将自身具有一个更加坚实的理论基础和平台，而且对于培养学术新兵，对于在社会上普及宗教学常识，对于宗教学理论创新，也都会大有助益。

目　录

第一章　洁净与污染问题的缘起 ······························ 1

第一节　异文化带来的吸引 ······························ 2

第二节　《利未记》遭受的挑战 ······························ 7

第二章　对洁净与污染规则的几种探索性解释 ·········· 11

第一节　卫生学的解释 ······························ 11

第二节　道德角度的解释 ······························ 23

第三节　历史角度的解释 ······························ 34

第三章　洁净与污染的规则 ······························ 41

第一节　洁净与污染规则的理论形成 ·············· 41

一、回到文本：对《利未记》的分析 ······························ 43

二、洁净与污染的规则：边界要明确，位置须恰当 ······· 46

三、洁净与污染的相对性与结构性 ······························ 52

四、区分洁净与污染：重申秩序与规避无序 ·············· 56

第二节　国外学界对洁净与污染规则的批评与讨论 ·· 64

第四章　洁净与污染规则的不同维度 ……………………75
第一节　神圣与世俗：同一抑或分离 …………………… 76
第二节　身体象征：两类身体与自我意识………………… 83
第三节　空间隐喻：外部边界与内部区隔………………… 91

第五章　洁净与污染规则的哲学意义和社会学意义·103
第一节　洁净与污染规则的哲学意义 …………………103
第二节　洁净与污染规则的社会学意义………………110

第六章　洁净与污染问题的国内研究概况…………117

参考文献 ……………………………………………127

第一章
洁净与污染问题的缘起

近代历史以来，伴随着西欧的海外殖民过程，西方人发现了与其文化显著不同的异文化，尤其是非洲、美洲、澳洲等土著部落的发现，掀起了一股旅行与探索异文化的浪潮。很长一段时间，这些异文化在西方人眼中，是“蒙昧”“未开化”“野蛮”“无理性”的展现，代表着人类早年的状况。异文化中展现出来的与基督教极不相同的宗教现象，对于西方学者来说具有强烈的吸引力，在最初的探索和书写过程中，异文化里面的污染问题，逐渐进入学者们的视野。当然，最初这些表现都被视为“野蛮”文化的表现，是没有理性的“原始思维”。

19世纪是进化论影响广泛展开的世纪，西方人带着自认进入文明时代的优越感，希望通过将异文化作为“活化石”来梳理出人类早期历史发展的状况。因此广泛地介绍这些异文化的物品、文字开始出现，民族志资料不断丰富。在这个过程中，部落社会中较为普遍的一些问题，如世系、亲属制度、婚姻家庭等进入了人们的视野与讨论之中，这里面就包括了一个普遍且与部落社会日常生活紧密相关的问题，即洁净与污染的问题。一方面，缘于洁净与污染的规定在部落社会文化中随处可见；另一方面，西方文化的重要构成——基督教文化中也富含“洁净”与“圣洁”等的规定，如《旧约圣经》的《利未记》当中的规定。西方人为了证明自身文明的优越，势必会寻找解释路径，以此论证古犹太教传统、基督教传统与“野蛮”的异文化是不同的。

第一节　异文化带来的吸引

马克思曾经在《〈政治经济学批判〉导言》中说：“世界史不是过去一直存在的；作为世界史的历史是结果。”[①]当世界还处在一种孤立、闭塞状态时，人类历史还不是严格意义上的世界史。当人类、世界已经连成一个整体之后的历史才能称为世界史。世界史的形成

① 〔德〕马克思、〔德〕恩格斯：《马克思恩格斯选集》（第2卷），人民出版社2012年版，第710页。

过程也伴随了不同人类社会、文化之间的碰撞与互动。

对于互为异文化的双方来讲，都是一个不断认识、探索与自身不同文化群体的过程。一方面，人们需要对自近代历史以来西方人所展现出来的优越感有所反思；另一方面，也需从客观历史发展过程来看，新航路开辟后的很长一段时间，那些西方人眼中的异文化，比如非洲部落文化、澳洲土著文化、美洲印第安人文化等，在这种碰撞与互动中处于劣势。后者对于当时的很多西方学者来说，是考察人类早期发展状况的“活化石”。然而，很长时间西方学者对包括非洲部落文化等在内的原始[①]文化持轻视甚至鄙夷的态度。

但不管怎样，在那些或是以了解人类历史发展过程，或是以殖民地的合适管理为目标的对这些异文化的探索过程中，留下了丰富的民族志资料，一些问题也逐渐成为人们集中讨论的话题，这里面就包含了洁净与污染的问题。民族志资料浩如烟海，在此以弗雷泽（James George Frazer）的《金枝》为例来展现人们对于原始文化中的洁净与污染问题的关注。

弗雷泽以其“巫术论”和“巫术—宗教—科学”

① 学术界对于“原始”一词的使用，伴随着越来越多地对于文化的反思而认为该词作为人类学术语最初具有贬义和偏见的性质，本书涉及文献中较多使用该词，为叙述方便，笔者在中立意义上使用了该词。

三阶段论而闻名于世。他同爱德华·泰勒（Edward Tylor）一样，从根本上说是受到了进化论的深刻影响。因此，考察宗教的“最早的和最简单的形式”，是弗雷泽所认为的理解人类宗教发展历史的重要一环，而被视为代表了人类历史和文化发展早期状态的原始部落很自然成为考察的对象，故而这些内容在《金枝》中有大量的记载与讨论。

《金枝》中讨论了“禁忌的行为”“禁忌的人”“禁忌的物”“禁忌的词汇”，不管是讨论禁忌行为，还是讨论禁忌的主体或对象，其中很多都涉及饮食的问题。被“污染”了的饮食实际上也是弗雷泽讨论原始文化污染问题的重要组成部分，这一方面源于饮食与生存问题紧密相关，而部落社会中生存问题是人们极为关心的问题，自然对饮食的规定成为联结诸多方面的线索；另一方面，饮食很容易成为被污染的对象，部落社会呈现出多种表达饮食污染的观念和应对仪式。弗雷泽列举了诸多地区和群体的例子，来说明这种饮食污染的观念在部落社会中是相当普遍的。

在弗雷泽看来，“未开化”民族在食物方面有很多限制，很多食物出于这样或那样的原因而被限制食用。从书中，不仅可以看到弗雷泽对这个问题的犹疑，甚至能看到弗雷泽所表达的某种遗憾的情绪，因为“本来是很安全有益的”[1]，却被禁止食用。

在弗雷泽的记载中，除了食用的动植物有诸多规定外，部落社会中还普遍存在着饮食行为方面的禁忌。比如他讲道：“在未开化的原始人看来，一饮一食都带有特别的危险，因为饮食之际灵魂可能从口中逃逸，或者被在场的敌人以巫术摄走。”[2]又如在奴隶海岸讲克瓦语的非洲土人，就认为人在吃饭的时候，游魂会乘机进入人的身体，所以他们对张口保持谨慎的态度。因此，部落社会的人们在饮食时，都要避开他人以避免自己的灵魂受侵害，尤其是一些特殊人物，如拥有神圣性的国王。

弗雷泽对部落文化中饮食等禁忌及污染问题的关注，实际上是其研究部落社会巫术规律的构成部分。对弗雷泽来说，什么样的食物能吃什么样的食物不能吃并不是最为关键的，关键是在部落社会成员的思维中，食物等会以什么样的方式被施以巫术从而对人产生影响。尽管人们对于弗雷泽关于巫术—宗教—科学的三阶段论表达了诸多质疑与不认同，但弗雷泽在大量民族志资料的基础上所提出的顺势巫术和接触巫术

---

① 〔英〕J. G. 弗雷泽：《金枝》，汪培基等译，商务印书馆2012年版，第389页。

② 〔英〕J. G. 弗雷泽：《金枝》，见前引，第331页。

概念被广泛引用。包括弗雷泽在内的19世纪末20世纪初的一批早期人类学开拓者所记录的大量民族志资料被大家更多地看到，这些来自异文化的思维和行为表现不仅让西方人甚为“惊奇”，同时也促进了人们对于人类早期社会和文化发展状况的讨论。

当时的西方人对于异文化的兴趣，还伴随着将自己视为文明人的优越感。在这些讨论中，除了非洲等部落文化被视作“活化石”这样的倾向外，西方人并不把古代社会的犹太人、基督教徒、伊斯兰教徒视作“原始人”或是“野蛮人”。这不免让人联想到这背后有很大的原因是前述三个群体都来自亚伯拉罕系宗教传统，其中犹太教徒和天主教徒还共享部分经文。那么，随着对部落社会异文化的饮食规则等讨论的深入，《圣经》中那富含饮食规则的《利未记》又该如何被看待呢？作为《旧约圣经》的重要组成部分，《利未记》的神学意义自然长期受到关注，但当离开纯粹信仰的领域时，当被视为“野蛮”的异文化中大量的食物禁忌问题进入人们的视野时，《利未记》中的食物禁忌能在什么样的意义上显示出更高的内涵呢？长期以《圣经》为准则的天主教徒甚至新教徒们，在这个问题上又如何可以区分出“现代”与“原始”、“文明”与“野蛮”呢？或者，如何来解释这些非常相似的现象呢？神学家和学者们承担起了这份责任，开启了一个关于洁净与污染问题的解释序列。在考察诸种解释之前，需要梳理一下为什么《利未记》会出现在比较突出的位置。

第二节 《利未记》遭受的挑战

《利未记》是《旧约圣经》的一个重要组成部分，同时它也是《希伯来圣经》中《摩西五经》的重要组成部分。从犹太教到早期基督教，《摩西五经》被吸收入《旧约》中，对基督教徒尤其是天主教徒产生了重要影响。

《利未记》的名称来源于利未部落。以色列最早形成了12个部落，利未是其中之一。摩西带领希伯来人逃离埃及的过程中，在西奈沙漠中当很多希伯来人背离摩西而进行偶像崇拜并煽动闹事之时，利未人坚定地支持来自自己部落的摩西，摩西的哥哥亚伦也成为希伯来第一位大祭司。利未人对耶和华的信仰在这个过程中得到了公认，由此利未人也获得了祭司阶层的特殊身份。因而，从内容上来说，《利未记》是关于祭祀的规定，“洁净”和“圣洁”的问题在《利未记》中占有相当核心的地位。尤其是《利未记》第11章，集中规定了希伯来人饮食的规则，人们熟知的禁食猪肉的规定也出自这里：

> 猪—因为蹄分两瓣，却不倒嚼，就与你们不洁净。[①]

《利未记》集中规定了活物的洁净与否，希伯来人只能吃洁净的，否则就会被污染。这些内容与弗雷泽在《金枝》中记载的食物的洁净问题有什么不同呢？《利未记》中所认为不洁的活物中当然有相当部分从感官上人们就不愿意食用，但同时也有一些食物在现代人的认知中能够作为食材却被禁食了，这里面最突出的就是禁食猪肉的问题了。猪肉俨然是现代人摄取动物蛋白质的一个重要来源，但为何在《利未记》中被禁止食用呢？所以，在来自“野蛮”异文化的饮食规则的挑战下，例如卢安戈的王储从幼儿时期就禁食猪肉，如何理解《利未记》中对于饮食的规定就更显得重要了。

不仅如此，《利未记》中有关洁净的很多内容都能够在民族志资料中找到类似的表述。比如《利未记》

① 和合本《圣经》，《利未记》第11章第7节。

第12章关于产妇洁净的条例规定："若有妇人怀孕生男孩，她就不洁净七天……妇人在产血不洁之中，要家居三十三天。她洁净的日子未满，不可摸圣物，也不可进入圣所。她若生女孩，就不洁净两个七天……家居六十六天。"[①]弗雷泽在《金枝》中记载了在塔希提岛上，妇女生产之后要在圣洁的临时小屋里隔离半个月或三个星期，并且她不能接触食物，只能由别人喂食。隔离期间如果有其他人接触到婴孩，那么就需要像产妇那样进行隔离，直到产妇举行了满月仪式解除隔离之后才能结束。

这样的例子有很多，在阿拉斯加附近的卡迪亚克岛上，临近生产的妇女不论天气状况如何，都要住进由芦苇搭成的简陋茅舍，在茅舍中生产并住满20天的时间。在这20天中，该妇女会被认为是不洁净的，没有人会接近她，给她的食物也是用棍子挑着送给她。还有像布赖布赖印第安人，他们对于妇女分娩所带来的污染非常恐惧，像卡迪亚克岛的产妇一样，布赖布赖印第安人的产妇也要到一处偏僻的无人的地方去生产，住在由其丈夫临时搭建的小屋中，独自居住，并且她除了能够与自己的母亲和另外一位妇人说话外，

① 和合本《圣经》,《利未记》第12章第2—5节。

不得同任何人讲话。[①]

可以说，这些关于产妇不洁的描述和规定是非常相似的。当然，民族志的资料绝不仅仅止于《金枝》，但诸多民族志中那些关于食物、唾液、血液污染的事例却经常能找到相似之处。而关于什么是“洁净”的、什么是“不洁净”的相关规定不管是在“野蛮”的异文化中，还是在古老的犹太习俗中，抑或是在现代人的生活中，实际上都是存在的。如果说非洲等部落社会中的有关洁净与污染的规则是“无理性”“蒙昧”的表现的话，那么如何理解《利未记》中的规定呢？《利未记》的规定是同部落文化那样属于“蒙昧”“野蛮”的思维与规定吗？还是遵照列维-布留尔（Lucien Levy-Bruhl）关于“原始思维”的看法，将部落社会人们的思维模式视作是同现代人完全不同的“原始思维”，而将古犹太人排除在外？如果是这样，作为西方现代人，该如何来解释《利未记》中相关洁净与污染的规定呢？

① 参见〔英〕J. G. 弗雷泽：《金枝》，见前引，第347页。

第二章
对洁净与污染规则的几种探索性解释

来自异文化的吸引及其对《利未记》的挑战，使得人们对于原始社会中较为普遍的关于食物、唾液、血液等相关洁净与污染的观念与行为禁忌非常关注，也迫切地试图构建一种有效地看待原始社会这些现象的视角，同时能够梳理基督教传统中类似观念与前者的关系。

第一节　卫生学的解释

19世纪不仅是进化论的影响不断扩展的世纪，也是近代自然科学不断发展的世纪，经历了启蒙运动的洗礼，人们对于探索自然科学的兴致也与日俱增。这种对于自然科学的关注在传统人文学科与新发展起来的社会科学当中都有诸多表现，比如宗教学领域中的医学唯物主义的出现。医学唯物主义的出现得益于生理卫生学的发展，也得益于心理学的发展。

医学唯物主义抛开了宗教神圣性的光环，从纯粹生理卫生角度去理解宗教史上的一些人和事。比如医学唯物主义将圣保罗在去达玛斯加路上所见的幻象，视为大脑皮层产生病灶引发癫痫的结果；将修女圣特雷莎视为患有歇斯底里病的病人；将圣方济各视为患有遗传性退化病的病人；而那些展现出与众不同悲鸣的人，可能是因为肠胃失调而导致的。[①]总之，所有看起来和普通人不同的方面，包括心理状态，都是由于身体生理原因导致的。在医学唯物主义看来，所有那些经历了所谓异象而具有宗教权威的人物，都是经历了身体的病态，假如还没有发现究竟是何种机能失调、何种腺体功能障碍的话，那就是生理卫生学还没有发现这种致病原因。

由于生理卫生学的发展，人们树立起来生病是由细菌等引发的观念，相较以往对于疾病尤其是瘟疫等的认识有了一个比较大的转向；再加上人们形成的身心相联系的观念，即一切的疾病包括心理失常都具有生理基础的观念的产生，这样的背景使得医学唯物主义在近代以来关于如何看待宗教问题的序列中产生自己

---

① 参见〔美〕威廉·詹姆斯:《宗教经验种种》，尚新建译，华夏出版社2008年版，第9页。

的影响。这些影响在比较宗教学的研究中也有所体现。

在这样的背景下，面对部落文化中关于洁净与污染的诸多表现给基督教传统中《利未记》等展现出的饮食禁忌所带来的挑战，从生理卫生的角度解释显然是一个可取甚至是相当有吸引力的路径。因为，从生理卫生角度去看待原始部落文化中各种有关洁净与污染的规定就是承担了部落社会能健康存续的实际功用，属于"原始卫生"的范畴。由此，这些富含洁净与污染规则的"原始巫术"也就不被视为是宗教范畴，自然与古犹太教传统、早期基督教传统区分开来。并且，这种区分方法也契合当时人们认为宗教属于比巫术更高阶的发展状态的观念。除此之外，弗雷泽关于"巫术—宗教—科学"三阶段论的观念实际上使其也成为从卫生学角度去解释部落社会洁净与污染规则的一位重要人物。

当然，弗雷泽除了看到原始巫术在卫生学上的功用外，也看到了这种卫生学上的功用与巫术规律的结合。他在《金枝》中写道："认为巫术可以通过人吃剩的食物加害于人的这种迷信恐惧，引导着许多未开化的原始民族人民销毁吃剩的食物，从而取得有益的效果。"①这种观念的确使得部落社会中的成员获得了益

① 〔英〕J. G. 弗雷泽：《金枝》，见前引，第336—337页。

处，因为食物腐烂最易产生细菌，感染人群而引发疫病，对部落社会成员的生命产生威胁。

弗雷泽指出："这种迷信不仅使原始氏族在卫生条件方面获益，而且，令人奇怪的是这种毫无根据的恐惧和同样的因果关系的错误观念，却间接地加强了遵奉这些观念的人们之间的好客、荣誉、信用等道义上的纽带。"[①]可以想见，一个试图通过对别人吃剩下的食物施行巫术而加害别人的人，自己显然也不会吃那剩下的食物，因为根据巫术的交感原理，假如他也吃了那份食物的话，那么所施的巫术也会损害到他，就像对方会受到损害一样。所以原始社会的人们往往要同进饮食，同进饮食可以保证对方并没有对所食用的食物施加巫术，保证彼此不会谋害对方。

在弗雷泽看来，这俨然已经成为原始社会人们要为彼此承担起来的神圣义务。显然，弗雷泽认为原始巫术含有一些卫生学的基础，但他更感兴趣的是部落社会中巫术的规律。但不管怎样，弗雷泽的这种看法在之后的宗教学研究中产生了影响，这里面就包括涂尔干（Durkheim，又译杜尔凯姆）和马塞尔·莫斯（Marcel Mauss）两位学者。

---

① 〔英〕J. G. 弗雷泽：《金枝》，见前引，第336—337页。

涂尔干的《宗教生活的基本形式》对于宗教学研究者来说影响非常大，不管是原始巫术还是现代宗教，在涂尔干眼中，都是社会的集体表象，是社会的映射。在论述的过程中，涂尔干表达了他从卫生学的角度看待部落社会的“巫术”或者“魔法”的观点。在谈到禁忌的问题时，涂尔干主张将巫术中产生的禁忌和宗教的各种禁忌区别开来看，“宗教禁忌乃是绝对命令；而巫术禁忌只是行之有效的箴言，是保健和医疗禁忌的最初形式”。[①]在涂尔干这里，“巫术”或者“魔法”可以从原始卫生的角度去看待，“巫术禁忌所体现的仅仅是一种有关事物属性的完全世俗的观念。巫师命令要隔离开的事物，仅仅是那些由于其特殊属性而不能放在一起、不能相互混淆的事物，如果不这样做，这些事物就会带来危险”。[②]

莫斯同涂尔干一样，对原始巫术的卫生学意义给予了关注，但其理解与涂尔干有所不同，莫斯主要是将原始巫术视作医学、技术、艺术与神秘力量相混合的状态，实际上也是其在讨论巫术与宗教的关系，以及巫术性仪式与宗教性仪式的关系的一环。

---

① 〔法〕爱弥尔·涂尔干:《宗教生活的基本形式》，渠敬东、汲喆译，商务印书馆2020年版，第412页。

② 〔法〕爱弥尔·涂尔干:《宗教生活的基本形式》，见前引，第411页。

在莫斯看来，原始人总是将巫术与仪式联结起来去完成某一个目标，在原始社会中，巫术与仪式的混合是常态。当然在不同的领域，巫术与仪式混合的比例是不一样的。在原始人能够用技术达成目标的领域，比如捕鱼、狩猎和农业中，巫术是对技术的辅助。在医学、炼金术等领域，在很长的时间内，技术的要素仅占有较小比例，巫术占据支配的地位。在这些领域，技术依赖于巫术，并且技术也是在巫术之内发展起来的。

莫斯还指出：

> 不仅医疗活动至今仍然被各种宗教规范、巫术规范、祈祷、咒语、星相预知所包围，而且药品、医生的饮食、外科医生的用刀是一个真正的象征、感应、顺势疗法、反感的网络。实际上，它们被认为是巫术的。仪式的有效性与艺术的有效性没有被区分开来，而是同时被思考。[1]

在莫斯的观念里，尽管原始巫术当中含有医学的、技术的与艺术的成分，但这些成分与巫术中精神性的神秘的力量相比，显然是处于第二位的。

---

① 〔法〕马塞尔·莫斯：《社会学与人类学》，佘碧平译，上海译文出版社2014年版，第46—47页。

> 当一种技术同时既是巫术又是技术时，巫术的部分就不在这一界定之中。因此，在一种医疗实践中，各种语词、咒语、仪式规定或占星术规定就是巫术的；其中就有各种神秘的力量、各种精神，而且起支配作用的是整个观念世界。[①]

不管怎样，莫斯认为原始巫术中是含有某些医学成分的，是具有某种卫生学基础的。还有其他学者在考察巫术时也会表达类似的观点，如埃文思-普里查德在对阿赞德人的巫术进行考察时所讲的："赞德巫医是一个专门的行业，因为医学知识给这个团体带来了利益，他们严格控制这些知识传出巫医圈子之外，所以外人不太容易观察到巫医的活动。"[②]尽管普里查德的重点不是讲巫医在巫术仪式或者治疗过程中掺杂了医学知识，但是这里指出了巫医所举行仪式背后的一定的医学基础。

因此，从卫生学的角度看过去，部落社会中有关洁净与污秽的区分背后有卫生学的基础，而在实际中原始巫术的很多禁止接触规则恰好又和传染病的隔离

---

① 〔法〕马塞尔·莫斯：《社会学与人类学》，见前引，第47页。

② 〔英〕E. E. 埃文思-普里查德（E. E. Evans-Prichard）：《阿赞德人的巫术、神谕和魔法》，覃俐俐译，商务印书馆2006年版，第165页。

有一些重合，也增加了卫生学解释的说服力。在卫生学解释中，犹太人饭前清洗的规矩和饮食限制使得他们能够远离瘟疫并拥有较长寿命；在仪式中熏香的作用不在于焚香在献祭中的象征意义而在于熏香能够遮盖部落成员身上的体味，使得平时很少沐浴的部落成员散发出的体味能够让人忍受；很多部落文化中对于传染病患者的隔离显然具有医学价值；一些部落文化中关于使用左手和右手有规定，因为用于饮食的那只手不能触碰污秽之物以免食物被污染。

卫生学的解释也影响了当时的部分布道者和神学家，例如医疗布道者S. H. 凯洛格（S. H. Kellog）和拉格朗日神父（Father Lagrange）。凯洛格在诠释《圣经》时如此解释《利未记》中关于饮食的规定："我们有可能在健康和卫生学领域发现决定这一章律法的最主要的原则……在现代病理学中占有重要地位的寄生和传染性疾病看来也是摩西所关注的，因此统领着他全部的卫生规则。"[①]在凯洛格看来，《利未记》中那些被摩西指出不能食用的肉类都是来自易被寄生的动物，规定在烹煮前必须沥干血液也是因为传染性疾病的微

① S. H. Kellog, *The Expositor's Bible*, London, 1841. 转引自〔英〕玛丽·道格拉斯（Mary Douglas）：《洁净与危险——对污染和禁忌观念的分析》，黄剑波等译，商务印书馆2018年版，第42页。

生物和孢子是在血液中循环的。拉格朗日神父也认为可以从卫生学的角度看待部落社会中关于污秽的规定：“我们并不否认不洁具有某种宗教特性，或者至少具有虚假的超自然的特点。但是，归根结底，保持卫生的措施是不是另一码事呢？难道水在这里不是取代了消毒剂吗？而那令人恐惧的精灵难道不也在贡献着自己的力量吗？它恰恰具有微生物的特性。”①

在凯洛格和拉格朗日神父这里，不管是部落社会中对于污秽的禁忌，还是《利未记》中对于饮食规则的规定，都可以从卫生学的视角来看，也就是说，在这个方面他们对二者是同等看待的。这与拥有比较宗教学背景的弗雷泽和涂尔干等人将二者区分看待不同。不管何种情况，卫生学角度的解释，一度展现了它的吸引力。包括令人费解的《利未记》中禁食猪肉的问题。从卫生学的角度，人们可以说之所以犹太人和穆斯林不食用猪肉，是因为二者所生活的地理环境特点，即炎热的天气会使猪肉极易变质，于是食用猪肉成为一件非常危险的事情。医学唯物主义者摩西·梅蒙尼德（Moses Maimonides）还从猪的肮脏生存环境去解

---

① 转引自〔英〕玛丽·道格拉斯：《洁净与危险——对污染和禁忌观念的分析》，见前引，第43页。

释禁食猪肉的问题：

> 我认为律法所禁止的食物都是不健康的。除猪肉和脂肪以外，所有被禁食物都具有有害的特点。但即便猪肉这样的案例也不难解释：因为猪肉（作为人类的食物）含有多余的水分，以及过多不必要的物质。律法禁止人们食用猪肉的一个最主要的原因是猪生活的环境以及它们的食物都是肮脏而令人厌恶的……①

除上述观点外，还有一种路径不同但同样从卫生学的角度看待部落社会中的洁净与污染问题的观点。这种观点是将现代人视为文明人，并且认为文明人的形成过程中，对于卫生标准的提高是重要表现；而中世纪以及之前的人们在清洁卫生方面则表现出卫生观念模糊和行为上不注意卫生的状况。文明人的形成也

---

① 转引自〔英〕玛丽·道格拉斯：《洁净与危险——对污染和禁忌观念的分析》，见前引，第43—44页。梅蒙尼德被玛丽·道格拉斯视为是医学唯物主义者，其依据的版本是由M. Friedlander于1881年至1885年翻译出版的版本；1963年学者Shlomo Pincs出版了新的翻译版本，有学者在评论文章中指出梅蒙尼德的《困惑指南》（*The Guide of the Perplexed*）中富含神秘主义的色彩，参见Jacob I. Dienstag, “Review of the Guide of the Perplexed by Moses Maimonides, Shlomo Pincs and Leo Strauss”, *Jewish Social Studies*, Vol. 28, No. 1, 1966, pp. 36–38。

被视为人们不断加强自律的过程，包括在卫生方面的自律。这种看待的视角以诺贝特·埃利亚斯（Norbert Elias）在其《文明的进程》中的阐述为代表。埃利亚斯的这种观点实际上夹杂了来自弗洛伊德的人格结构理论和福柯关于规训的研究的影响。

在埃利亚斯看来，中世纪到现代早期，人们对于与自身相关的污秽并不会感到羞耻或者厌恶，人们看待那些从现代观念看属于不卫生的行为并不觉得有什么不妥。比如，埃利亚斯指出，中世纪的人可以在街上甚至吃饭时排便。这在今天看来是完全不能忍受也不能理解的行为，但在中世纪却是存在的。比如关于法国国王路易十四在王室成员的围观下排便和安妮·博林（Anne Boleyn）在加冕宴过程中于饭桌边上以亚麻布遮挡进行排便的故事屡屡被重述。当然，有很多学者指出，中世纪法国国王是没有自己的私人空间的，从其担任国王角色开始，他的身旁始终都需要有人在场，包括国王排便的时候。而博林作为王后，在加冕宴的中途离开宴会现场会被视为中断了宴会的过程，是极不礼貌和缺乏礼仪的表现。因此不管是国王还是王后，在有他人在场的情况下排便并非是不注意个人卫生。

不管怎样，中世纪人们的卫生水平和现代人的卫生水平比起来，显然后者要更加卫生。在埃利亚斯看来，17世纪和18世纪对于欧洲人来说是关键的转变时期，因为这两个世纪是欧洲人从文雅到文明的转变时期。比如埃利亚斯指出，此时期的关于礼貌行为的指导手册中明确禁止当着别人的面排便；更为重要的是，人们开始对与自身相关的污秽产生羞耻的观念，认为排便需在不被别人注意到的情况下才可以。埃利亚斯还指出这种礼貌和卫生的行为规则先是在宫廷等上流社会传播开来，继而自上而下地逐渐蔓延开来，伴随着民族国家王权的加强以及社会分工和相互联系的不断扩大，文明的行为准则也逐渐成为各阶层人们的共识。

这样的转变过程，从个体层面来说，要成功实现就需要不断加强自律，需要不断以“超我”来压抑自己或者约束自己从而符合社会结构，这显然受到了弗洛伊德人格结构理论的影响。

从社会层面来说，福柯关于规训的研究显然也对埃利亚斯产生了影响。从福柯的视角来看，诸多现代卫生规则不是由人们的羞耻感决定的，也不仅仅是卫生的问题，而是现代早期的人们被迫接受的，是规训过程的结果。埃利亚斯指出，现代早期的男男女女被灌输了这种关于个人卫生的自律标准，并且创造了私人领域的观念，在个体与周围世界之间树立起了边界。

诚然，埃利亚斯对于原始资料的使用常常因为不准确而被人指责或诟病，但他在《文明的历程》中所展现的关于卫生问题的文明进化的视角不失为一种代表：部落社会的卫生观念是混杂的、没有边界的，而现代文明人的卫生观念则是自律的、有边界的。这也是一种进化论影响下的观点，从现代文明卫生观念的历史形成角度去看部落社会有关洁净和污染的问题。

从卫生学的角度去看待洁净与污染的问题虽然在当时看起来比较新颖，但实际上还有很多问题没有解决。比如，假如用生存环境去解释犹太人不食猪肉的问题的话，那么为什么与犹太人拥有类似生存环境的相邻民族却食用猪肉呢？又比如，从卫生的角度看，人们共食会传播疾病，但部落社会中以共食的方式来避免遭受巫术侵害是一个比较普遍的现象。此外，犹太人和穆斯林不食猪肉的规定也并未随着人们对疾病的更强掌控而发生变化。所以，卫生学的解释为人们提供了一种视角，但对洁净与污染问题的解释却远不充足。

第二节　道德角度的解释

在很长一段时期，人们认为部落社会中有关洁净与污染的规则不属于宗教的范畴，认为尽管与超自然力量有着密切联系，但是这些观念和仪式大致源于恐惧，并且在这些规则中，神圣与不洁往往相伴出现，并未有对两者的区分，因此认为部落社会中的有关洁净与污染的内容是属于巫术范畴的、禁忌范畴的，而非宗教范畴的，其道德成分也被认为极少或者没有。但相较之下，《利未记》中的关于仪式、饮食等的限制性规定因其属于犹太教、基督教的组成部分，即归属宗教的序列而被视为具有道德指向和含义。

从情感角度探讨宗教的起源实际上也由来已久，比如古希腊时期德谟克利特就曾经认为“人们在看到雷鸣、电闪、彗星的接近，日食和月食等天象时，感到恐惧，因此认为造成这些现象的根源是神”。[①]在19世纪末20世纪初，人们处在对文明进化甚为推崇的思潮中，认为部落社会的人们与现代人有着本质不同的观念是人们愿意接受并相信的。例如列维-布留尔提出的“原始思维”，认为所谓的“原始人”的思维与现代人是有着本质不同的。尽管列维-布留尔受到涂尔干观点的影响，从“集体表象”概念去理解“原始思维”，但在其论述中，依然可以看到“恐惧”等情感在“集

① 金泽：《宗教人类学学说史纲要》，中国社会科学出版社2010年版，第15页。

体表象”形成过程中的位置。

列维-布留尔认为原始人没有西方现代人所具有的个人意识，而是以社会或群体为单位的，个体的意识与社会或群体的意识是相统一的，社会中的全体成员共享观念与行为准则。对于自然界的一些现象以及关于人死亡的恐惧，使得原始人在集体的层面上规定了多种行为规则，这其中当然也包括洁净与污染的规则。

马林诺夫斯基和拉德克利夫-布朗是英国结构功能主义传统的两位奠基人，他们在探讨部落社会中的宗教时关注宗教功能角度的分析。马林诺夫斯基尤其关注对于死亡的恐惧在宗教形成过程中的重要影响。他认为宗教能够帮助人类战胜对死亡的恐惧和应对因死亡而带来的群体瓦解的威胁。

> 马林诺夫斯基认为，在宗教的一切源泉之中，要以死亡这项生命的最后关节，“无上的转机”，最为重要。人类不能不在死的阴影下生活，凡与生活很亲而且享受圆满生活的人，更不能不怕生活的终结。[①]

① 金泽：《宗教人类学学说史纲要》，见前引，第167页。

不死与永生，是人类一直为之着迷的主题。

> 宗教的作用在于帮助人们排解人们在生死关头的情感焦虑，“宗教底办法，乃是采取积极的信条慰安的见解，在文化上有价值的信念，使人相信永生，相信灵底单独存在，相信死后肉体的生命。宗教给人这样解救的信仰，更在种种的丧礼上面，祭礼上面，与死者相交通的各种礼上面，而且借着祖灵崇拜等以使这样的信仰表里充实，具体而可捉摸”。[①]

宗教给人以这样的信念，并且伴随各种各样的丧葬仪式，使人们的这种信念和行为在这样的经历中得到相互加强。死亡对于个体和群体的意义是不一样的，对于群体而言，“死亡这件事发动了自保本能底一部深厚势力以后，是会危害群体底统协的。可是群体底统协，又是极其要紧的；必是有了这个，然后才有社会组织，才有传统，而且说到末了，才有整个的文化”。[②]

马林诺夫斯基还有一个影响颇为广泛的观点，即

---

① 金泽：《宗教人类学学说史纲要》，见前引，第167—168页。

② 参见〔英〕马林诺夫斯基（Malinowski）：《巫术、科学、宗教与神话》，李安宅译，中国民间文艺出版社1986年版，第32—35页。

原始人使用巫术的时候往往是他们无法运用自己已知的知识和技能应对自然的时候，“在一切良好的结果中，凡是能够归功于知识和技术的，都得到适当的肯定。只有在人们只知其然而不知其所以然时，即表面看来取决于运气，归于做事成功的诀窍，或是出于机遇和命运时，原始人才求助于巫术”。①从这个角度看，当经验和技巧不能处理恐惧的时候，巫术便会登场。

布朗和马林诺夫斯基一样，注重从功能角度看待宗教，但在关于部落社会的巫术的看待上，布朗除了看到马林诺夫斯基所指出的有助于人们克服恐惧与焦虑情绪的正向功能外，他还有不少关于消极面的论述；同时相较来说，他还更关注社会结构的问题。在一些论述中，同样展现了布朗将部落社会中巫术与恐惧进行联系的状况。例如布朗指出：“当某种人类学理论说巫术与宗教给人以自信、安慰与安全感时，同样也可以论证说它们引发人的恐惧和焦虑。因为它们不是给人以自由，而是令人恐惧黑巫术，恐惧精灵，畏惧上帝，畏惧恶魔，畏惧地狱。”②同时布朗也指出社会群体

① 参见〔英〕马林诺夫斯基：《巫术、科学、宗教与神话》，见前引，第9页。

② 〔英〕A. R. 拉德克利夫-布朗（A. R. Radcliffe-Brown）：《禁忌》，《20世纪西方宗教人类学文选》，上海三联书店1995年版，第117页。

的影响作用："事实上，无论在我们的恐惧和焦虑中，还是在我们的希望中，我们都受制于我们生活于其中的那个群体（共同体）。通过共同的希望和恐惧，通过我称之为对于事件或不测偶然性的共同关注，不同的人类个体或暂时或永久地紧密联系在一起。"[①]

除了将原始巫术与恐惧进行关联外，人们还往往将原始巫术中关于洁净与污染的规则视为是污染与神圣混杂在一起。弗雷泽《金枝》中也有大量的巫术案例展现了被污染的对象同时也被认为是神圣的这样的观念。例如他指出："在通加，人们相信任何人接触过高级酋长神圣人身或属于他的任何东西之后，如果用自己的手进食，便会肿胀致死。酋长的神圣，犹如恶性毒药，传染给其下属，并通过这些人使食物触染，从而使吃了这种食物的人致死。"[②]

弗雷泽还例举了持有与通加人这种观念类似的新西兰的土人，他们的"酋长具有鬼神的能力，是从其祖先继承来的，凡他所触及的一切东西都可沾染，人若漫不经心地无意中触动了它，便会突然死亡"。[③]弗雷泽还描述了一个故事：一个健壮的奴隶不小心吃了

① 〔英〕A. R. 拉德克利夫-布朗：《禁忌》，见前引，第117页。

② 〔英〕J. G. 弗雷泽：《金枝》，见前引，第339—340页。

③ 〔英〕J. G. 弗雷泽：《金枝》，见前引，第334页。

一个具有强大神力的高级酋长吃剩下的食物，当他被旁人告知他所吃的是这位酋长吃剩下的食物时，他马上腹内绞痛不止，当天傍晚便死了。这个奴隶是一个身体非常健康的人，因为吃了酋长吃剩下的食物而产生了极大的恐惧。对于现代人来说，这个奴隶显然并不是因为吃了这份食物而受到酋长神力的侵害而死亡的，但是对于这里的土人来说，这就是酋长神力的最直接明白的确证。

需要指出的是，不管是弗雷泽、列维-布留尔，还是马林诺夫斯基和布朗，他们虽然都将原始巫术与宗教进行了区分，都关注到了恐惧在原始巫术中的重要呈现，但他们都并不把原始巫术视为没有道德成分。相反，列维-布留尔的集体表象对于个体的思维和行为的限制作用，马林诺夫斯基有关宗教的心理调适功能等论述，布朗关于宗教与社会结构的关系的论述中，都在一定程度上认为原始人因为各种巫术规则的限制而增加了他们对于与好或不好相关的观念的相信程度。从某种意义上说，巫术规则以行为限制的方式反过来又影响了人们的认知和观念。但不管怎样，将原始巫术与宗教相区分，将恐惧作为原始巫术的特征，这样的理论观点成为从道德角度上区分原始巫术中的洁净与污染规则和《利未记》中的洁净与污染规则的基础。

因此，有学者论述《利未记》中的包括食物禁忌在内的洁净与污染的规则不是源于恐惧，而是拥有道德的含义，是关于美德和罪行的隐喻。S.斯泰因（S. Stein）教授是这方面的一位重要代表。“根据斯泰因教授所著《拉比和教父文学中的饮食法则》（*The Dietary Laws in Rabbinic and Patristic Literature*）一书，道德式的解释可以追溯到亚历山大时代以及古希腊时期对犹太文化的影响。”[①]他通过考察1世纪的信件文献，指出摩西的律法不仅具有使犹太人远离无知和不义的道德上的价值，而且这些训诫与犹太人想要拥有美好生活应持有的自然理念是和谐一致的。斯泰因指出：

> 这些神圣的律令宁愿牺牲公正性也要激发我们的敬虔之心、塑造我们的性格。比如说，那些允许犹太人吃的都是温驯、干净的鸟类，因为它们是靠吃谷物长大的，而不可以吃那些会俯冲下来袭击羊群甚至人类的野生食肉性鸟类。摩西称后者是不洁净的，通过这种方法来提醒人们不要对弱者使用暴力，不要过分相信自己的力量。偶

① 〔英〕玛丽·道格拉斯：《洁净与危险——对污染和禁忌观念的分析》，见前引，第57页。

蹄动物分裂的蹄象征着我们的行为必须显示出高尚的道德，并指向公理和正义……另外一方面，咀嚼反刍的食物则代表着记忆。[①]

从道德上进行解释的观点认为《利未记》中被允许吃的食物背后都有好的道德象征，而不被允许吃的食物背后也代表了不好的道德观念。将“偶蹄动物分裂的蹄”与公理和正义的象征相关联，将“咀嚼反刍的食物”与记忆相关联，尽管这联想有一定的基础，但前后两者关联起来的逻辑实际上并不甚了了。但并不能推翻斯泰因等从道德隐喻的角度诠释《利未记》洁净与污染规定的贡献。

从道德角度的诠释有时也能够从《圣经》中所展现出的一些相关隐喻找到支持，如斯泰因指出：

律法上认为，有鳞有鳍的鱼象征着忍耐和自制。而那些被禁止食用的则是随波逐流，无法抵挡水流力量的。爬行动物腹部拖在地上，用肚子蠕动，代表了那些只为自己的贪欲及其他欲念孜

① 转引自〔英〕玛丽·道格拉斯：《洁净与危险——对污染和禁忌观念的分析》，见前引，第60页。

孜以求的人。而那些能够爬行，脚上有腿因而可以跳跃的动物则是洁净的，因为它们象征着道德努力的胜利。[①]

腹部拖在地上爬行的蛇在《圣经》叙事中是一个典型的象征符号，这也增加了斯泰因等从道德角度进行诠释的动力和说服力。实际上在诠释《圣经》时，道德是一个重要的角度，比如20世纪初夏隆纳主教（Bishop Challoner）在其笔记中写道："是否分蹄及倒嚼是直接区分善与恶的界限，是上帝的律法。如果鱼没有鳞和翅，它就被认为是不洁净的。这是因为它没有能够通过祷告提升自己的灵魂，也没有能够用一定的美德修饰自身。"[②]

在从道德的角度进行诠释的学者们看来，人类的进步也是道德的进步。"人们过去相信、现在也相信，进化本身赋予意义和价值。进化导致善和具有巨大价值的事物。因此，进化是我们道德义务的源泉。"[③]在道

① 转引自〔英〕玛丽·道格拉斯：《洁净与危险——对污染和禁忌观念的分析》，见前引，第60页。

② 转引自〔英〕玛丽·道格拉斯：《洁净与危险——对污染和禁忌观念的分析》，见前引，第60—61页。

③〔美〕迈克尔·鲁斯：《达尔文主义者可以是基督徒吗？——科学与宗教的关系》，董素华译，山东人民出版社2011年版，第172页。

德进化的序列中，原始巫术对于洁净与污染的规定不是出于道德，而是出于恐惧；并且神圣与不洁相混杂，并未区分。因此不管是唾液的污染，还是血液的污染，背后都是源于恐惧的非理性。而《利未记》中关于洁净与污染的规定，背后则蕴含了道德隐喻的内涵。例如罗伯逊·史密斯（Robertson Smith）对于闪米特人的宗教的研究，实际上是为了论证他的如下观念：以色列人的宗教从一开始就比其他闪米特人的宗教更道德、更优越。[①]以道德进化的角度看，从原始巫术中神圣与污染不分的状况，到现代社会中神圣与不洁的界限的明显划分，是人类在道德观念上的一大进步。

关于道德角度的解释，当然也有一些不同意见，如有学者指出《利未记》中有关圣洁的规定与道德并不相关："《旧约》世界中的律法之为'圣洁'，在于'区分'；神与人间相分别，所以是圣洁；以色列民与外邦相分别，所以是圣洁；遵行律法的人与不识、不守律法的人相分别，所以是圣洁。这个圣洁与道德无关。"[②]另外还有一个思潮不能忽略，那就是英国自然神论的观点。英国自然神论的形成实际上是为了调和

---

① 参见〔英〕玛丽·道格拉斯：《洁净与危险——对污染和禁忌观念的分析》，见前引，第22—23页。

② 张晓梅：《旧约笔记》，上海人民出版社2009年版，第97页。

进步、理性与宗教信仰之间的关系，是在对于《圣经》的看法从启示角度到道德角度转变过程中的一个组成部分。对道德的关注，是自然神论的一大特征，并且，在自然神论者看来，基督教的发展历史恰恰是从道德的宗教发展成了教条的仪式化的宗教的过程，献祭是破坏了道德宗教的传统的，《利未记》中的献祭仪式规定显然已经违背了原初道德宗教的意涵。

第三节　历史角度的解释

与从道德角度进行诠释相关的是从历史角度进行诠释。道德进化本身也是一种历时性的思维。与道德角度的诠释主要集中于有无道德成分不同，历史角度的诠释着重从《利未记》作为犹太人与上帝的契约、洁净与污染的限制性规定在犹太民族意识形成与强化过程中的作用这些角度分析。而这些角度的分析，则建立在从多神信仰到一神信仰的演化序列的认知基础上。当然，这样的一个序列同样是在西方基督教传统的立场上形成的，这种一神信仰好似优于多神信仰的观念，正如同基督教传统优于隐含“原始”“愚昧”意味的原始信仰的观念那样。

“比较宗教学之父”麦克斯·缪勒在其《宗教的起

源与发展》中如此讲道："无限观念、看不见的观念，即我们后来称作神圣的观念，如何以一种模糊的、雾蒙蒙的形态存在于最落后的部落中呢，我们可以美拉尼西亚人的玛那观念为例证。"[①]缪勒根据科德林顿（R. H. Codring）对于美拉尼西亚人玛那观念的描述，认为对于美拉尼西亚人来说，"'至高无上的神'这一观念对他们完全是陌生的，实际上任何'神'在他们的世界里都无崇高的地位。"[②]在缪勒看来，部落社会中信仰的是"看不见的观念"或者说是"神圣的观念"，人们对其的认识并不清晰，更多的是希望通过控制这些"超自然的力量"而获利。这与基督教传统中的至上神观念是很不一样的。实际上，在韦伯看来，从巫术到"原罪"的观念，期间也经历了一段漫长历程。

无论是多神信仰还是一神信仰，都是宗教信仰的不同表现形态，本身并无高下优劣之分。但在很长一段时间里，尽管西方人找到了很多多神信仰文化中对人类社会发展有益的方面，这其中包括原始巫术的有益方面，但依然形成了这样一种预设：部落社会的巫术信仰是原初的非理性的信仰形式，只有到了希伯来

① 〔英〕麦克斯·缪勒（Max Müller）:《宗教的起源与发展》，金泽译，上海人民出版社2010年版，第34页。

② 〔英〕麦克斯·缪勒:《宗教的起源与发展》，见前引，第34页。

人与上帝立约，形成至上神观念，才是真正的宗教信仰的开始。当然这是站在基督教传统的角度去看待这个问题，对于身处其中的很多西方人来讲，这是一个不用有太多质疑的观点。因此，在如何看待《利未记》的问题上，在如何看待《利未记》中诸多饮食、仪式规则的问题上，一些学者认为这些规则是希伯来人与上帝立约的组成部分，是至上神信仰形成过程中的组成部分。

> 不管契约是如何达成的，它只要有了确定的形式，也就有了一种强制力量。……契约存在的充分必要条件是：必须履行某种仪式，作出某些保证，决定和约性质的并不是当事人双方的意向，而是履行和约的方式。①

涂尔干这段关于契约的论述，与《利未记》中所载通过严格规定食物禁忌、献祭仪式等表达对耶和华的信仰甚为契合。从与上帝立约的角度看，《利未记》中有关食物、血液等的限制性规定非但不是无关紧要的，而且是重要的履行契约的方式。正是通过遵守什

---

① 〔法〕埃米尔·涂尔干:《社会分工论》，渠敬东译，生活·读书·新知三联书店2017年版，第343页。

么样的食物能吃、什么样的食物不能吃的规定，通过遵守献祭礼仪，通过遵守节日礼仪，希伯来人表达自己对耶和华的信仰，同时获得耶和华的护佑。换句话说，希伯来人通过信仰耶和华获得护佑，与此同时需要付出一定代价，那就是履行契约的义务，严格遵守包括《利未记》在内的各种限制性规定。

希伯来人与上帝立约是犹太教一神信仰形成过程的关键环节。摩西“十诫”第一条就规定“不可信仰耶和华以外的神”，《利未记》中的各种限制性规定也以履约的要求表达对于耶和华唯一神的信仰。这里面，有以色列人与上帝的约，也有利未人成为祭司阶层应遵循的与上帝的约。通过耶和华唯一神地位的确立，通过与耶和华的立约，希伯来人因为独一无二的信仰而成为一个具有强烈民族意识的民族。这种民族意识正是在信仰独一无二的神耶和华，以及履行各种限制性规定的过程中得到强化。犹太教的形成与犹太民族的形成可以说是一体的，是同一个历史过程的两个方面。《利未记》中写道，“我是把你们从埃及地领出来的耶和华，要作你们的神；所以你们要圣洁，因为我是圣洁的”[①]，既表明了希伯来人的选民身份，也蕴含了

① 和合本《圣经》,《利未记》第11章第45节。

希伯来人因为守与上帝的约而作为一个民族与其他民族区别开来之意。

古希伯来人苦难的历史使得其在民族形成与发展中逐渐将耶和华视为唯一真神进行信仰，希伯来律法即是遵守与上帝所立的约的具体方式。“希伯来法的法律思想全部以宗教为基础，一切都是为了体现上帝耶和华的意志，希伯来人因信仰唯一的神并无条件遵守上帝所赐的律法而成为一个民族，守约即守法被希伯来人视为逃避苦难的唯一出路。”[①]所以，犹太民族的形成和一神信仰的犹太教的形成是同一个历史过程的两个方面，两者不可分割。

因此从历史的角度进行诠释的学者认为，《利未记》中有关洁净的规定，如前文中所提到的饮食方面的具体规定，各种献祭仪式的具体规定，另外还有各种节期的具体规定，都是希伯来人与上帝所立的约的履行方式。与此同时，民族的界限也随之建立起来。比如饮食规则里面禁食猪肉的规定，历来受到人们关注，有学者认为，“猪肉禁忌在希腊化和罗马时期与犹太属性之间”的关联性呈现出增强的趋势，“在希腊化和罗马统治时期，猪肉禁忌成为了犹太饮食禁忌乃至

① 徐菲：《希伯来法研究》，华东政法学院博士学位论文，2004年，第4—5页。

犹太属性的典型代表”。[1]

历史角度的诠释从《利未记》作为犹太人与上帝的契约，以及在犹太民族意识形成与强化过程中的作用出发去理解洁净与污染的问题，看起来是一种清晰的视角，但是从外部理解洁净与污染的规定的，至于从内部看为什么某些肉食被视为洁净的而另外一些又被视为不洁净的，以什么样的标准区分洁净与不洁净、存在污染风险与不存在污染风险的问题实际上被规避了。

上述从卫生学、道德、历史的角度对洁净与污染问题进行的解释从不同的侧面给人们带来了启发，但每一种诠释都有其尚未解决的问题，哪一种角度都不能提供让人们公认的、信服的解释。比如有学者质疑原始人是否有卫生规则；有学者质疑是否因为一定的动物的状态表征隐喻了某些罪恶状态，因而被认为是不洁净的。在这样的情况下，有些学者认为，实在难以找到统一的角度去看待洁净与污染的问题，因此认为这个问题是无规则的，或者说是多种规则的，不同的对象有不同的规则。如菲弗（R. H. Pfeiffer）认为《利未记》中“祭司法则”的规定在很大程度上是任意

---

① 梅华龙：《希腊化和罗马时期犹太属性与饮食禁忌的对应关系》，《圣经文学研究（第20辑）》，宗教文化出版社2020年版，第46页。

的，这种“能指上的恣意性”牺牲了远古风俗中的道德理想和温柔情感，以一种专制的方式建立犹太教一神信仰的神圣权威和道德法则。[①]又如德里沃（R. S. Driver）认为：“到目前为止，还没有发现哪一种解释能够囊括所有的情况。因而，以多个原则来解释比用一个综合的原则来解释是更有可能的。有些动物是因为令人厌恶的长相或者不卫生的习惯而被划入禁止食用之列；从另一些例子来看，有的动物之所以被列入禁止食用之列是因为它有着很深的宗教含义。”[②]不管是前者还是后者都认为不能够用统一的规则去解释洁净与污染问题的阵营。如果说从卫生学角度诠释洁净与污染的问题是从自然角度进行探讨的话，那么从道德和历史的角度诠释该问题则可以被视为是从意义角度所进行的探讨。三者都未能得出令人信服的结论，认为该问题没有理性、没有规则或者认为需要多种规则解释的观点也同样令人意犹未尽。那么，洁净与污染问题的诠释只能处在摇摆中吗？是否真的不能用一种统一的规则去诠释洁净与污染的问题呢？

---

① 参见〔英〕玛丽·道格拉斯：《洁净与危险——对污染和禁忌观念的分析》，见前引，第59页。

② 转引自〔英〕玛丽·道格拉斯：《洁净与危险——对污染和禁忌观念的分析》，见前引，第58页。

第三章
洁净与污染的规则

从卫生学、道德、历史角度对洁净与污染问题所进行的解释，在提供了一种看待视角的同时，又各有自身不能提供解释的地方。将洁净与污染问题视作无规则，或规则不断变换，同样也不能让多数人信服。并且，如何看待原始社会中洁净与污染的观念和行为与基督教传统中的相关元素的问题，实际上也尚未得到解决。当然，学术讨论总是在进行中，但学术的发展也总是能够在探索性讨论的基础上，生发出一种被广泛认同的理论观点，在洁净与污染规则的问题上，也是如此。

第一节　洁净与污染规则的理论形成

面对是否能用一个统一的规则去看待洁净与污染问题的疑惑，有一位学者给出了精彩的解释，这位学者就是被大家誉为“横向思维的天才”的玛丽·道格拉斯。有人称道格拉斯是少数几个能够同哲学家、历史学家、文学家交流的人类学家之一，认为她具有一种能够在看起来不相关的现象中察觉出同一性的能力。在对洁净与污染问题的探讨上，道格拉斯展现了她在整合不同理论视角的启发并形成自己独特的系统分析的观点方面的创新能力。

洁净与污染的规则是一种统一地看待原始社会和现代社会洁净与污染观念与行为的理论建构。自道格拉斯提出该理论之后，人们对于洁净与污染问题的看待总脱不开该视角的框架。即便是探讨现代社会卫生设施的文章，也总是要援引道格拉斯所提出的这一洁净与污染规则来探究。她提出的洁净与污染规则影响如此深刻，以致有学者做出了如下评论：“调查一下当今有关肮脏和污染的文献，我真诚地相信，列举出不引用道格拉斯的那些作品，要比列举引用道格拉斯的那些作品容易得多，即使引用的理由有时可能是，她很明显不得不被列入参考书目。”[①]这一方面反映了洁净与污染问题的重要性，另一方面也反映出道格拉斯所提出的洁净与污染规则，俨然成为大家所广泛认

① 〔芬〕奥利·拉格斯佩兹：《肮脏哲学》，沈敏一译，华中科技大学出版社2021年版，第91页。着重号为原文所加。

同的看待洁净与污染问题的基本视角和理论。

这一洁净与污染的规则是建立在社会分类研究基础上的成果，是一套以分类是否明确、位置是否恰当为核心内容的规则，该规则可以为原始社会和现代社会的洁净与污染的观念和行为提供统一的解释，并且该规则关注洁净与污染问题的象征性，以及社会是如何将其作为维护自身系统稳定和有序运行的手段。

该规则的提出，也是建立在道格拉斯对于相关问题的研究积累上的。

一、回到文本：对《利未记》的分析

道格拉斯指出，对洁净与污染问题的探讨，需要回到对《利未记》本身的文本分析中去。而道格拉斯对《利未记》文本的分析，又建立在其分类观念的基础上。

道格拉斯的分类观念受到了涂尔干和莫斯的影响，她认为：组织需要分类，而分类又是人类协调的基础。她同时还认为："理性行为都离不开分类。分类的活动是一种普同人性。"[①]同时，分类象征不能孤立地被理解，必须在所研究的文化中通过分类象征与总体分类

① 〔英〕玛丽·道格拉斯：《洁净与危险——对污染和禁忌观念的分析》，见前引，第9页。

结构的关联来探讨其意义。

道格拉斯用其分类观念对《利未记》中的饮食规则进行了全新的解释。不同于以往的卫生学、道德和历史角度等的解释，道格拉斯认为，那些不被允许食用的食物都是破坏了固有分类系统的食物，这些食物被视为是“恶”的和危险的。

在道格拉斯看来，洁净与污染的问题，很大程度上是禁忌的问题。禁忌是一个自发的编码实践，“它会建立一套关于空间界限的词汇以及一套物理的和口头的信号，为的是把一套脆弱的关系维系在一起。如果这套编码没得到敬重，它就会以某种危险相威胁。有些随禁忌被打破而带来的危险会不加选择地向所有接触者传播伤害。打破禁忌会带来危险的恐惧，如同传染，会扩散到整个团队之中”。[①]她研究了《利未记》中第11章关于禁食动物的清单，发现规则如同《创世记》故事一样是对三种环境的分类，即陆地、空气和水。凡是符合这三种环境分类的生物，有其特定生活环境的，都被视为是洁净的，是可以食用的；而那些不太符合这三种环境分类的生物，不那么中规中矩的

① 〔英〕玛丽·道格拉斯:《洁净与危险——对污染和禁忌观念的分析》，见前引，第6页。

则被视为是污染的，禁止食用。

道格拉斯的这种分析显然提供了一种新的视角，但也遭到了不少质疑。道格拉斯本人在修订版序言中也承认分析时忽视了三个基本错误。首先是循环论证，即先假定一种生物被禁止食用是因为它们反常，再去发掘该种生物的反常特点。其次，《圣经》中并没有讲违反饮食规定就是违犯了上帝，会招致惩罚。违反饮食规定确实是罪过，但这一规则却很难跟冒犯上帝联系起来。最后，她承认自己毫不怀疑地认为《圣经》中设定禁食动物前后一致是错误的。

即便如此，道格拉斯对她所做出的关于饮食禁忌的诠释还是很有信心的。她认为：

> 饮食规则就是一种标志，它时时处处使人们深刻体会上帝的唯一性、纯洁性和完美性。通过这些禁忌规则，人们在遇到各种动物与各种食品的场合里，圣洁都有了实在的表现形式。因此，遵守饮食规则就成为了承认与崇拜上帝的重要圣事中极有意义的组成部分，而这种圣事往往在圣殿举行的献祭仪式中达到高潮。[①]

---

① 〔英〕玛丽·道格拉斯：《洁净与危险——对污染和禁忌观念的分析》，见前引，第70页。

这一段基于《利未记》文本的分析言论，实际上道出了道格拉斯对什么是洁净的、什么是不洁净的问题的象征意义的观点，即符合规则的动物与食品被认为是洁净的、可以食用的，在《利未记》文本中，代表了对于“上帝的唯一性、纯洁性和完美性”的象征，而延伸出去，则是洁净的事物都是符合既有规则的事物，符合规则代表了人们对该事物的认知是确定的，因而人们认为该事物是洁净的、不会引起混乱的。这就涉及道格拉斯所认为的洁净与污染区分的规则：分类是否明确，位置是否恰当。

二、洁净与污染的规则：边界要明确，位置须恰当

道格拉斯认为，洁净与污染并无固定不变的界限，两者都是相对的，并且它们的区分具有丰富的象征性内涵。她细数史密斯、涂尔干、弗雷泽等对原始宗教仪式的分析，认为只有通过同情地理解研究对象的宇宙观和分类观念，才能理解当地的洁净与污染观念。这一视角同样适用于现代社会。她超越涂尔干、埃德蒙·R.利奇（Edmund R. Leach）等，在沟通神圣与世俗方面做出了自己的贡献，在有关仪式的问题上同样如此。她认为仪式不仅在原始社会中处处存在，也在

现代社会中无处不在。

从对《利未记》的分析出发，道格拉斯认为，“洁净”代表物种所处的类别是适当的，也即适合的和相称的。而“不洁”则是指物种不能够被放置于某一个类别之中。

不洁不等于憎恶。道格拉斯在研究《利未记》之前，研究了与之相关的《民数记》。她认为有些动物被认为是不洁的，并不是因为人们憎恶它们，而是这些动物不符合“规则”。那些另类的陆生动物属于异数，比如，不反刍的四肢行走的动物是不洁的。不洁净就意味着它们不可以被用于献祭，同时也不可以被食用。那么对那些空中飞的、水里游的和路上爬的不洁动物也有相应的规定。在这里，道格拉斯呼吁将“你应该憎恶它们”以及“它们是可憎恶的”解释为“应当避开它们”。[①]

不洁的事物作为不能被明确划分为某一类别的事物，会引起人们在认知上的混乱。她认为世界上不存在绝对的污垢，只是在人们的眼中，污垢才成其为污垢。道格拉斯使用了一个经典的例子来证明：放在地

---

① 〔英〕玛丽·道格拉斯：《洁净与危险——对污染和禁忌观念的分析》，见前引，第7—8页。

上的鞋子并不会引起人们对其肮脏的认知和感受；而同样的鞋子放在餐桌上会引发人们强烈的肮脏的认知和感受。因此，人们所谓保持洁净、避免污垢，不是因为恐惧污染或者疾病，也不是因为道德的隐喻或是担心招致天谴，而是人们不能将某一事物放置于既有的分类规则中，引起了人们认知上的不适，人们感受到了混乱，同时也感受到了调整这一混乱的压力。所以在道格拉斯看来，卫生学的、道德隐喻的，以及文明进化角度的诠释都不能很好地为人们清除和避开污垢的行为序列提供解释。在祛除污垢的过程中，人们并不是受到了要摆脱污垢的渴望的诱惑，而是要保持对于周边环境认知的清晰与控制。实际上，污垢就像是冒犯了秩序，祛除污垢是一项重组环境秩序的积极努力，而非一项消极行为。

从这个角度看，人们规避污垢的行为是一项创造性的活动，是要把形式和功能联系起来，把体验统一起来。洁净所具有的正向、积极的意义和污垢所代表的负向、消极的意义可谓是一体两面。在道格拉斯看来，人们在解释原始人祛除污垢的行为时，也应该以此方式去看待，人们用以区分什么是洁净的、什么是不洁净的标准应该是事物是否能够被归为某一个确定的类别，是否处于恰当的位置，是否符合社会的规则。

所以，一个部落成员的手本身并不被视为是不洁净的，但假如他的这只手接触了不应接触的事物，那么就突破了类别、违反了规则，因而也就成为不洁净的了。实际上，在道格拉斯的梳理中，判定洁净和判定污染是同一个过程的两个不同的角度，两者在这同一个体验的过程中创造了人们在认知上和行为上的统一。

道格拉斯也探讨了社会生活层面上的污染观念，她认为社会生活层面上的污染观念在两个层次上发挥作用，那就是工具性的和表达性的。第一个层次表现为人们都试图影响他人的行为。第二个层次上，自然法则被调用，用来支持道德准则。她还用污染观念讨论了政治权力问题，认为不管是在原始部落社会，还是在今天，当统治者能够得到信仰的支撑的话，那么人们相信他能够释放出非凡力量。道格拉斯对于洁净与污染规则所蕴含的政治性内涵在其另一本合著《风险与文化》(*Risk and Culture: An Essay on the Selection of Technological and Environmental Dangers*)中也有不少表达。《风险与文化》是道格拉斯与美国政治学家阿伦·维尔达夫斯基(Aaron Wildavsky)合作完成的，里面有一个核心观念是人们对于风险的认知受到了自身所处的社会结构、文化传统和所属群体组织的影响。因此，那些被优先考虑的风险未必是客观自然结果上最具威胁力的风险。同样，社会生活中那些被认为是被污染了的事物，一方面用以控制人们的行为，另一方面通过赋予其道德上的含义而强化了对人们行为的控制。

人们普遍认为圣洁和不洁是相互对立的两端，要保护圣洁的东西和地方，以免污秽。长期以来，人们将不区分圣洁和不洁作为原始宗教的一个标志，人为地在自己与祖先之间，以及现代人与土著人之间划定了一条深深的鸿沟。但实际上，圣洁与污秽并不是在任何时候都处于绝对相反的两极。它们是一对相对的范畴。也许一种事物在某种分类体系下是洁净的，而到了另外一种分类体系中时就变成为不洁净的，反之亦然。

道格拉斯不认同原始仪式与现代人的洁净观念毫不相干的观点，认为这不利于对仪式的理解。这种观点认为，现代人的洗涤、消毒等只是表面上与仪式中的清洁相类似。认为现代人的那些工作是基于卫生学的，而仪式中的清洁则是象征性的；现代人消灭的是细菌，而原始人避开的是精灵。但是，现代人的卫生学与原始人的象征性仪式有时却惊人地相似。如果越深入地研究两者，就越能发现，两者同样都是象征性体系。世界上不同地区间针对污染的行为的差别只是细节上的。

在道格拉斯看来，污秽就是位置不当的东西。她认为这是一个十分具有启发性的研究进路，在污秽背后是一系列的秩序和规范，违背了这一系列的秩序和规范的事物就是污秽的。可以说，污秽就是分类的剩余和残留，它们被排除在正常的分类体系之外。

有不洁，就有圣洁。如果我们承认圣洁的根本意义是“分别出来”，那么我们就得认为圣洁具有整体性和整全性。只有完全符合秩序、分类、规范的事物才会被视为是圣洁的，而饮食规则在道格拉斯看来，只不过是有关圣洁的隐喻。

有不洁，即有污染。在道格拉斯看来，不同于有控制与无控制、心理的与象征的对比系列，污染是类别全然不同的一种危险来源。那套关于有意与无意、内在与外在的区分在此全无意义，它必须用不同的方式来识别。依据危及他人者和被危及者的社会位置，一些力量代表社会结构的作用，它们针对恶意因素及其释放的危险来保护社会，它们的使用必须得到社会中好人们的认可。社会异己力量被认为对社会构成危险，它们的使用未被认可，使用它们的人是恶意者，它们的受害者是无辜的。这就是白巫术和黑巫术之间的古老差别。

但是，道格拉斯认为，有控制与无控制、心理的与象征的这一分类体系，与污染这一分类体系之间还是有所关联的。比如说，在那些权威被认可的社会体系中，拥有权威地位的人同时也被认为具有某种精神力量，这种精神力量可能是祝福的力量，也可能是诅咒的力量，但都是可以控制的；而在那些社会分类体系并不那么明确的地方，人们通常会寻找一些被认为具有危险力量的人物，作为该社会体系中所经历事件的原因。

道格拉斯认为，显然没有任何民族或者人群会把神圣与不洁混淆起来。她认为虽然传染的观念在宗教和社会中发挥着作用，规避的准则创造了对其界限的可见的公共认知，但并不等于说，神圣的就是不洁的。每种文化都有其自己对于污秽的概念，这些概念与那些积极结构的概念形成对照。总之，要将洁净与污染、神圣与不洁放置于对象所属的社会文化系统中去分析。

三、洁净与污染的相对性与结构性

道格拉斯总是将洁净与污染问题放置于一个拥有自身独特结构的社会系统之中去看待。什么样的事物是洁净的，什么样的事物是不洁净的，必须放置于整个社会结构当中去看才能发现其意义。一种文化体系中的禁忌，在另外一种文化体系中可能并不被认为是禁忌。道格拉斯认为，只有在特定的文化模式中，并与整个社会思想结构发生关联的时候，禁忌才有意义。并且，不同的文化背景或说文化类型，有不同的分类方式，因而也就产生不同的洁净与污染的规则。

原始仪式一定与社会秩序和存在于其中的文化相关联。任何研究原始仪式，以及污染观念的人都需要将一个民族对洁净的观念看作一个更大整体的一部分。在这一层意义上，禁忌具有明显的相对性。由于不同的民族有不同的分类体系，一种禁忌在一个民族文化中成立，到了另外一种民族文化中就未必成立，正如同洁净之物与不洁之物一样。举个很简单的例子，穆斯林禁食猪肉，保守的天主教徒在星期五也禁食猪肉，对于他们来说，禁食猪肉就成了一项禁忌。但对于世界上大多数民族来说，并不存在禁食猪肉这一禁忌。

因此，什么是洁净的，什么是不洁净的，这是一个相对的问题。规则就在于事物是否符合其所在的社会文化系统内部的分类方式。所以，除了相对性，洁净与污染的区分还需要考虑结构性的问题。

洁净与污染问题的结构性突出表现为对其的区分与确定总是与其背后的社会结构秩序关联在一起，而这一结构秩序与该社会的分类体系又密切相关。事物被视为洁净或者不洁净，并非是毫无章法，而是根据有着明晰结构的一组社会性规定来确定的。另外，洁净与污染问题的结构性还表现为，对其的维系有时会像一个社会中的领导成员们所希望的那样具有压制性。比如，领导者要想阻止自由人与奴隶通婚，或者是想要维持一个朝廷的统治，或者是想要更加苛刻地征税，那么支持他们意愿的这个系统就会一直存在下去。对这个系统的批评会遭受压制。而当观念的制造者想要换一种生活方式时，原先区分洁净与污染的系统就失去了它的可信性，并会创造出一种新的支持该生活方式的关于洁净与污染的系统，相伴在一起的是人们对自身生活环境和认知的变化。

由此可见，洁净与污染的问题，既具有相对性，也具有结构性。社会结构系统告诉人们，鞋子不能被放置于餐桌之上，即便是一双崭新的鞋子，当它出现在餐桌上时，人们仍然会认为它是肮脏的；但当这双崭新的鞋子被放置于门口地上时，它又被视为是洁净的，因为它符合了社会结构对于鞋子应该在的位置的规定。所以，鞋子是干净的还是不干净的，要将其放置于背后的社会结构系统中去看待；符合分类原则，即为干净的，反之即为不干净的。因此，洁净与污染问题的相对性与结构性又总是相互联系在一起。

> 污秽从来就不是孤立的。……任何企图以零星碎片的方式解释另一种文化有关污秽的规则都注定失败。使得关于污秽的观念可以讲得通的唯一方法，就是将它与一种思想的整体结构相参考，而且通过分离仪式（rituals of separation）使污秽观念的主旨、范围、边缘和内部线索得以相互联结。[①]

总而言之，对洁净与污染的区分是具有相对性和结构性的，它是不能摆脱社会结构的统治模式的。即使某些划分看起来是任意的和偶然的，但通过更仔细的分析将会发现，它仍有其连贯性。只有在社会系统本身反常地没有正式结构，或者当合法的权威遭到挑战的时候，这种区分似乎独立于社会系统之外；一旦社会体系趋于稳定，那么区分依然被置于社会结构之内。显然，社会系统是具有创造性和持续性更新的力量的。处于其间的洁净与污染的观念与原则也是处在变化之中的。

---

① 〔英〕玛丽·道格拉斯：《洁净与危险——对污染和禁忌观念的分析》，见前引，第54页。

四、区分洁净与污染：重申秩序与规避无序

（一）维护秩序：使“无序”归为“有序”

在道格拉斯看来，禁忌是对那些有序世界中无序的规诫。不能完整地划分到某一类别中的事物对有序世界形成了挑战。社会系统对这些无序进行解释，并形成禁忌，以弥补这些无序所带来的对社会秩序的冲击。比如说，《利未记》中那些不那么中规中矩的物种就被视为一种禁忌。

洁净与污染的观念并不暗示一个僵化的思想观点和一个僵化的社会制度。对原始宗教了解得越多，就越能发现它们的洁净与污染观念包含着对有序与无序、存在与不存在、有形与无形、生与死这样一些问题的思考。

人们自然认为自己有能力面对反常的事物。当严格地将某种事物界定为反常时，那些这种事物不能归属进去的系统的界限也很明晰地确定下来了。人们的主要分类系统，以及无法融入到分类中去的经验能够使人们获益匪浅，对这些经验的思考会进一步确认人们在主要分类上的信心。

对于那些无序的事物，人们有若干方式来处理。人们可以消极地忽视它们，或者批判人们要批判的东

西。也可以积极地有意识地面对这些无序事物，并且创造一个新的现实模式，在这个模式中，原先无序的事物也找到自己的位置并变得有序。在这个过程中，个人要修正分类计划是不可能的，因为个体从来都不是独立的，也因为禁忌是“共谋”的。但作为任何一个文化体系整体来说，它都有处理模糊或反常事物的多种预案，比如对反常事物进行解释，或者将反常事物确定为具有危险性质的事物，又或者通过其他的途径去限制反常事物，等等。

总之，必须通过秩序的进路来研究禁忌和不洁。首先需要认识到，社会文化模式须将不洁或污秽排除出去才能保持自身的有序。这样的原则既适用于对神圣世界的看待，也适用于对世俗世界的看待，即在这一问题上，神圣与世俗之间并不是分离看待的，而是共享同一种规则。此外，这一规则还同时适用于原始社会和现代社会。尽管原始社会有关禁忌和不洁的观念和行为具有更广泛的普遍性和约束力，现代社会则呈现出更为多样的表现形态，但从社会秩序这一进路去看待该问题，是同样有效的。

研究禁忌，不能不研究无序事物。尽管无序事物会扰乱模式，但它也会为模式提供原材料。无序同时就意味着无限，虽然它威胁到已经存在的既定模式，但它本身也可能形成新的模式。那些具有创造性的仪式承认无序的潜能。在头脑的无序中，在梦里，在眩晕和发狂状态中，仪式期望找到人们在有意识的状态中所无法找到的真理和力量。有研究表明，人们在轻躁狂状态中会具有极大的创造性。

诚然，污染规则与道德规则并不严格相吻合。一些行为被认为是不道德的，却并不是具有污染性的；而另一些并不被看作不道德的行为，却有可能是具有污染性的。人们可以发现，很多场合错误的东西也是污染的。实际上，污染规则仅仅一小部分聚焦于被道德所谴责的行为。清晰的污染规则能够解决不确定的道德问题。但污染规则还是仅仅间接地与道德规则相关联。

实际上，污染比道德过失更容易被取笑。一些污染过于严重，以至于造成污染的罪犯必须付出极大的代价。但大多数污染都能够通过简单的仪式去补救。比如各个社会都有倒转、化解、掩埋、清洗、勾销、熏香等仪式，只需要花费很少的时间和精力就能够祛除污染。道德罪过的取消有赖于被侵害者的原谅。道德罪过的取消并没有污染罪过的取消那么容易，在这里，和解仪式能表示对错误的埋葬，帮助抹去错误行为的记忆，并鼓励正确感觉的发展。社会总是试图将道德过错降低为污染过错，以便能够通过仪式将其尽快祛除。这有利于社会的稳定。

通过对社会结构中的无序现象以禁忌的方式进行规诫，社会系统维护了生活于其中的人们的有序的观念结构，无序成了有序的组成部分。道格拉斯认为，社会通过重新解释、身体控制、回避、举行仪式等方式将无序纳入有序之中。

通过禁忌在代际间的流传，加强人们的社会记忆，从而使社会获得此分类标准或分类体系的记忆，进而加强社会的有序感。

因此，人们之所以要区分洁净与污染，目的就在于要确定那些分类上不明确、位置上不恰当的事物，也即无序的事物，并采取一定的方式使无序的事物重新被置于社会的秩序当中，使“无序”归为“有序”，以达到维持社会秩序的目的。

（二）“无序”：既危险又充满力量

在道格拉斯看来，虽然理性行为都离不开分类，但这并不代表任何形式的含糊不清都会带来认知上的不适。系统有其自身对含糊不清的解决方式。应当说，世界上并不存在污垢这种东西。假设说不存在一种分类系统，那么不适合这种系统的东西就不会被视为是污垢。也就是说，什么是污垢依赖于我们所使用的分类系统。根据这种观点，人们可以很容易地理解，为什么人们会要求一个人在某些领域干净和整洁，而在另外一些领域又肮脏和混乱。那些不能被明确归位某一类别的事物成为禁忌的对象，被视为不洁净的、危险的，但同时这些看起来扰乱了秩序的“无序”之物往往又被视为具有特殊的力量。禁忌的这种特性并不为社会系统所排斥，反而被看作是无限可能性的来源。禁忌的力量与危险性为生活世界中的无限偶然提供了解释。它还保护抽象制度，使它们免于被颠覆。

在这个方面，道格拉斯不同意史密斯的禁忌观念。史密斯认为禁忌是人类在任意支配自然的过程中受到的限制，又因为害怕受到超自然力量的惩罚而强化它。也就是说，禁忌产生于恐惧，产生于对邪灵侵扰的预防性措施。如果确实是这样，那么原始禁忌与原始圣洁的规则间的主要差别，就在于神灵的好与坏。他还认为原始人的不洁规则关注的主要是一种物质场合，并以此来判断禁忌与否；而现代人能够超越物质场合，以人的动机和意图来判断好与坏、禁忌与圣洁。总而言之，在史密斯的眼中，原始文化处于人类文化发展的蒙昧阶段，对洁净或不洁净的划分尚未达到道德的层面，对于由不洁净所带来的危险进行规避只是出于恐惧和现实利益考虑。

在道格拉斯看来，正是那些处于模糊地带的事物往往被视为是危险且有力量的。如果想要描绘原始宇宙力量和危险，那么就要考察有形与无形观念的相互作用。力量的很多观念都基于将社会看作有形与无形相对照的理念。有形中蕴含着一种力量，而模棱两可、边缘地区、模糊的界限及界限外部蕴含着其他的力量。比如在隔离仪式的阈限阶段，被隔离的人是临时的异类。在仪式的整个过程中，他在社会中没有地位。在阈限阶段，个体也与危险相接触，但也是力量的来源之处。个体如果在社会系统中没有位置，自然会成为一个边缘性的存在。他自己是危险的来源，同时他也得提防来自社会其他成员的危险。

在道格拉斯看来，如果宇宙的结构或者社会的结构还没有被清晰地界定下来，那么因为污染所带来的危险就不太可能出现。这是因为，社会结构尚未确定，也就不能确定什么样的事物是洁净的，什么样的事物是不洁净的或是被污染的。此外，不管人们是有意还是无意，社会结构都会根据特定分类原则使生活于其中的人们判定某些事物是不洁净的或被污染的，因而是需要远离或者规避的。社会就如同为其成员提供了一张地图，假如本应连接的地方出现阻断，或者本应阻断的地方出现连接，那么就违反了规则，突破了界限，成为污秽、无序和危险。

所以，一个被污染或可能污染他人的人总是有过错的。他做出了某些错误的行为，或者仅仅是跨越了某些不应该被跨越的界限，而这种跨越给他人带来了危险。因为污染并不总是由人类引发，因此，带来污染的能力人兽共有。污染可能是有意为之的，但更可能的是在不经意间的情况下发生的。污染也是一种特殊的危险。它不是属于个人的力量，却能随着个人的行为而释放出来。能对人类构成危险的力量，必然是一种内在于观念结构的力量，而结构本来是用它来保护自己的。因而结构会想办法祛除污染。有两种不同的方式祛除污染，一种是不追求原因和责任的仪式，另一种是忏悔仪式。当净化本身被认作对道德过错的适当处理方式时，污染与道德之间就有了崭新的关系。包含了污染和净化的观念的复合整体就形成了一个安全网，它使人们能够轻松地挑战一些不可能的事情。简单的净化仪式就能使人们挑战现实而免受责罚。

每个系统都是由诸多次系统和子系统所组成的。运用这种层次分析方法，它的内容将会层出不穷。道格拉斯认为，人们都把他们自己的社会环境看作由其他参与者与被必须遵守的界限划分开的人们组成的，一些界限由严格的物理制裁维护着。但在界限模糊或者不稳定的地方，就会存在污染的观念。身体跨越社会的界限将会被认为是危险的，会导致种种后果。污染者在两方面受到谴责，一方面是他跨越了界限，另一方面是他给他人带来了危险。

跨越界限会带来危险，但往往也会被视为拥有某种力量。社会尽可能维护其内外界限，以避免界限被跨越而造成的危险。但同时社会也会形成一定的仪式，用以驾驭因跨越界限而带来的力量。在现实生活中，总是存在界限不那么分明的领域或情况，人们也会创造出各种仪式等手段来避免模棱两可和驾驭边缘地带的力量，以强化对于界限的认知和维护。对于大多数人来说，确定、清晰的周围环境能够带来更多的安全感。人们也会发现，许多宗教都富含更新仪式，它们采取特殊的方式对待异常事件和可憎的事物，使其重新被置于原先稳定的观念与行为结构中。

道格拉斯认为，身体为所有象征提供了基本的计划框架。几乎所有的污染都有一些重要的生理学参考。正如当一种严格的模式强加于人们的生活之上时，它要么使人感到不适，要么使人陷入矛盾。人们不得不遵循它。但那些否定它的因素并不因此被移走。并不能整齐地纳入公认范畴的部分，仍然存在并需要关注。正如生活必须被肯定一样，最完善的哲学，必须找到某些终极的方式来肯定被拒绝的东西。而这种方式在道格拉斯看来就是自然的象征。

在特定的文化中，一些行为或者现象被认为是完全错误的。人们用不同的分类和定义方法来看待不可能、异常以及不好、令人憎恶的东西，这些东西经常受到指责与回避。但还有一种情况是，这些不好的东西中的某一种或几种会被挑选出来放在一种很特殊的仪式框架内，与其他经历区分开来。这个仪式框架内的可憎之物被当作巨大力量的源泉来处理。这种具有力量的危险之物成为系统借以更新自身的载体，仪式过程与结果隐喻了系统已然得到更新。

所以，在道格拉斯的视角中，对洁净与污染的划分，同时也是对于有序与无序的区分，通过赋予污秽之物以特殊力量，借助仪式重归洁净，无序重新被置于系统结构之内从而变得有序，系统也由此处理了内部的混沌，完成了自身系统的更新。

第二节　国外学界对洁净与污染规则的批评与讨论

洁净与污染的规则成为大家广泛认同的理论观点，实际上也经由了一个过程。在这个过程中，除有许多学者给予赞赏外，也有一些质疑的声音。但用一种统一的规则去解释洁净与污染问题的尝试，奠定了道格拉斯之后的学术思路，以及在社会科学界的学术地位。

《洁净与危险——对污染和禁忌观念的分析》(以下简称《洁净与危险》)现已成为人们如何看待洁净与污染问题的必备参考书，但《洁净与危险》刚刚出版时，并未获得英国学术界的青睐。显而易见,《洁净与危险》所提出的观点，与当时英国学术界的主流观点和社会中的思潮并不一致。比如道格拉斯发现关于部落社会中的洁净与污染问题，实际上在很多案例中并没有表现出恐惧占据优势，她举了阿赞德人被施巫术的反应，努尔人与神的关系和对神的态度，本巴女孩的轻松随意的成年礼作为例子。她一反人们从卫生学的、道德的角度去理解洁净与污染问题，而是认为需要去寻找新的解释路径，因而道格拉斯在《洁净与危险》当中对洁净与污染问题所持的观点与当时大多数学者并不相同。

道格拉斯也由于深受涂尔干的影响，而使其理论观点一开始在英国学术界受到漠视。另外，虽然她在如何看待原始和现代的问题上受到埃文思-普里查德的影响，但她在《洁净与危险》中明确指出两者可以沟通，原始人与现代人、原始宗教与现代宗教在理性上并没有本质上的不同的观点，不管是在理论观点上还是在心理接受层面上，都是当时很多学者不认同的。学术观点与社会思潮往往相伴而行，在另一个层面上，道格拉斯在社会反仪式浪潮兴盛的氛围中为仪式辩护、为秩序辩护，显然会被视为“保守”，看起来并不那么“明智”。但《洁净与危险》在探讨洁净与污染问题方面的创新性和洞见显然不会被埋没，很快该书就成为人们讨论洁净与污染问题时一本绕不开的书籍，同时它的影响力还表现在不断被重印，读者群也不限于专业领域之内。

对《洁净与危险》的讨论从20世纪60年代末开始，一直持续至今。不少学者对于《洁净与危险》的贡献持肯定态度，如有学者讲道：“本书包含了秩序和失调的各个领域，以及边界带来的危险。严格来说，这个方法不是新的，但是，这是一本绝对现代的书籍。它将现代思想中一些暗含的观念推进了许多，并用娴熟的技术将其应用于解决一些老问题上。”①

谭慕尼（Joseph B. Tamney）讲道，道格拉斯的理论给他印象最深的就是对于为什么不洁之物有时被视为神圣之物的解释。他认为道格拉斯在寻求一个更宽

① Edwin Ardener, “Reviews of Purity and Danger”, *Man*, New Series, Vol. 2, No. 1, 1967, p. 139.

泛的宗教定义，认为宗教不仅表达社会：不仅在社会结构的缺点凸显时支撑住社会结构；有时它利用生活的基本的模棱两可为人们打开任何更大的可能性的大门。“所以，我们发现在神圣的时间和空间中腐败被供奉起来。”①

尽管表扬不断，但批评声也不绝于耳。似乎一部有创造性的作品的出现总是伴随着诸多批判性的评论的。对于《洁净与危险》来说，自然也不例外。如有学者指出，此书的一个很大的缺点在于同时存在不一致的主题；有时候，洁净与污染并不像书中所指出的有着清晰的边界，有时候人们处理污物具有随意性，而在另外的情况下却又完全相反，模糊性不是发生在边界上，而是发生在被观察者自身体系之内。②

威廉·麦考马克（William McCormack）认为道格拉斯的《洁净与危险》在形式上和本质上都与涂尔干和莫斯的《原始分类》非常接近，并认为道格拉斯虽然在刚果做过田野调查，但她必须大部分地依靠别人的田野调查成果，有时候，她甚至做出了一些相当无

---

① Joseph B. Tamney, “Reviews of Purity and Danger”, *Sociological Analysis*, Vol. 28, No. 1, 1967, pp. 56–57.

② Edwin Ardener, “Reviews of Purity and Danger”, *Man*, New Series, Vol. 2, No. 1, 1967, p. 139.

知的论断。[1]也有学者认为，道格拉斯对于污染和危险的假设在书中并没有得到充分证明。

> 根据道格拉斯，原始文化中的“他们”是受污染支配的；而“我们”不是。并且，我们必须要考察这是为何。她错了，她甚至和她所评论的法国人类学家一样显示了他们的优越感；但是她在“他们”和“我们”之间做如此简单和完全的分离，无论如何都是错误的。[2]

还有学者从篇章结构等方面质疑此书，如谭慕尼[3]；另有学者认为，此书的论证在解释方面、理论方面、逻辑方面和方法论方面都存在不足，如斯皮罗（Melford E. Spiro）。[4]

总体上，道格拉斯基于对《利未记》的分析而为

---

① William McCormack, “Reviews of Purity and Danger”, *Journal of the Scientific Study of Religion*, Vol. 6, No. 2, 1967, pp. 313–314.

② P. H. Gulliver, “Reviews of Purity and Danger”, *Bulletin of the School of Oriental and African Studies*, Fiftieth Anniversary Volume, Vol. 30, No. 2, 1967, pp. 462–464.

③ Joseph B. Tamney, “Reviews of Purity and Danger”, *Sociological Analysis*, Vol. 28, No. 1, 1967, pp. 56–57.

④ Melford E. Spiro, “Reviews of Purity and Danger”, *American Anthropologist*, New Series, Vol. 70, No. 2, 1968.

如何看待洁净与污染问题提供了一种全新视角的尝试，学者们给予了充分的肯定，虽然认为其有时候冒着纯粹涂尔干式的危险。她的一些观点，例如社会代表秩序；扭曲它的就是不洁的、不神圣的，保持和保存它的就是圣洁的、神圣的；污物就是不在适当位置的事物，并且，正如杂草做成堆肥能够肥沃土地一样，污物也能成为一种恩典的源泉；社会最恰当的象征就是人类的身体；而且身体的功能成为社会有序和无序的象征；等等，被认为深受涂尔干及结构主义的影响。正像有学者所指出的，道格拉斯“抨击了那些认为观念发展独立于社会结构的人，很有可能这些人是经过神学训练的比较宗教学者。……阅读道格拉斯作品的一个好处是，她如此信服地展示出宗教行为和特定文化中其他细节方面的关联”。[①]

道格拉斯对洁净与污染问题的理论视角能够带来的启发是多方面的。道格拉斯一向不赞同在原始与现代之间设立一道鸿沟。在20世纪四五十年代，异邦的宗教受到贬低，道格拉斯认为，应该纠正那些误解，并且重估仪式性不洁和禁忌的价值。禁忌的理论不仅

① F. B. Welbourn, “Mary Douglas and the Study of Religion”, *Journal of Religion in Africa*, Vol. 3, No.2, 1970, pp. 89–95.

针对原始人，而且对现代人来说，它同样适用。道格拉斯超越布朗，试图使禁忌的原则更加具有一贯性和包容性。如果人们单一地看禁忌，就会发现禁忌是多么杂乱无章、稀奇古怪，以至于任何有理性的人都不能对它产生信任。道格拉斯因此称禁忌为“共谋”。人们之所以相信是因为人们共同地想要相信。

道格拉斯对洁净与污染问题的研究，实际上是为了更好地理解社会、社会系统与社会象征。她对于洁净与污染问题的研究从来不限于这个问题本身，在她的研究背后，是试图找到如何解释看似杂乱无章的社会现象的努力，是对于社会秩序和文化价值的梳理。所以，她对于洁净与污染问题的研究既能看到宗教元素对洁净与污染划分的影响，又能跳出宗教框架延伸至对社会思维模式与社会结构的分析中。

可以想见，道格拉斯对洁净与污染问题的研究之所以能够获得如此广泛且深刻的关注，是因为她的理论视角蕴含了多种如何看待人类社会文化的关键问题，而道格拉斯本人也一直承继了洁净与污染规则的核心问题意识，并不断将其加以延展，创建出“格/群”文化理论。她以“格”“群”为向度，将人类社会文化划分为四种类型：强群强格社会文化类型、强群弱格社会文化类型、弱群弱格社会文化类型、弱群强格社会文化类型。“格/群”文化理论不管是作为方法论，还是作为具有丰富意涵的理论体系，都很好地解决了洁净与污染规则的延伸问题，即为何统一的规则之下却衍生出纷繁复杂的各种洁净与污染现象，是什么样的因素决定了人们具有如此不同的洁净与污染的具体观念。可以说，洁净与污染的规则及“格/群”文化理论共同构成了道格拉斯关于如何看待人类社会秩序和文化价值的一套理论体系。这一套理论体系，可以被用于对社会生活中诸多问题的分析当中，比如风险分析方面。

道格拉斯对风险的分析集中体现在她与维尔达夫斯基合著的《风险与文化》一书中。两者关于风险认知的研究是建立在道格拉斯对于洁净与污染及其延伸讨论的基础上的。基于知识层面上的确定还是模糊，对某问题公众达成了共识还是处于争论当中，两者将风险类别分成了四种，分别是：技术性的、信息性的、争议性的、知识和共识性的。技术性的风险，人们对其知识是确定和无争议的，该种类型的风险可以通过计算得到解决；信息性的风险，人们尚未掌握对该风险的确定的知识，但其风险性质是无争议的，这一类风险可以通过研究得到解决；争议性的风险，人们掌握了该风险的较为确定的知识，但对其风险性质存有争议，这一类风险的解决或是通过压制达成一致，或是通过讨论达成共识；知识和共识性的风险，人们尚未掌握其确定的知识，并且对其风险性质也存有争议，对这一类风险的确定较为复杂且容易产生分歧。

正是第四种风险类别，使得现代社会中，人们总是认为风险增加了，人们认为包括了环境污染在内的诸多风险不断威胁人们的日常生活。但道格拉斯认为，实际上人类社会的风险并没有增加，而是人们对于风险的认知发生了转变，只是人们感受到的风险、意识到的风险在增加。如同洁净与污染的问题是一个主观性问题一样，风险的认知也是一个主观性认识。

为什么在一种社会中人们会尤其关注某种确定的风险，而在其他社会中又会突出关注另外的风险类别？为什么在不同的社会中，人们对于风险的排序是不同的？道格拉斯认为，这与该社会背后的结构特征与成员位于其中的群体特征是紧密相关的。正如人们排斥的肮脏事物有哪些，人们认为什么是最具威胁性的风险，以及需解决的不同紧迫程度的风险序列，都是由人们所生活在其中的社会结构和群体特征所决定的。在这本书中，道格拉斯和维尔达夫斯基还从美国历史发展的角度进行了考察，指出了美国某些边缘群体对于环境风险的尤其关注和美国从殖民地以来的历史发展特点相契合。

正如人们对于洁净与污染的看待一样，人们根据他们生活于其中的社会组织的本质来决定什么是有风险的，不管是科学家还是普通人，不管是现代人还是原始人，都是一样的。对于风险的观念反映和加强了特殊的生活方式。

因而，洁净与污染问题背后是人们如何看待社会和文化的问题，而洁净与污染规则之所以具有很强的理论延展力，正是因为这一规则涉及多重维度，而这些维度又关系到人们如何看待社会秩序和文化价值的问题。

第四章
洁净与污染规则的不同维度

上述洁净与污染的规则提出后，关于洁净与污染问题的解释总是被置于该规则框架之中，究其原因，则是由于这一规则实际上包含了诸多方面的内容。除前述分类是否明确、位置是否恰当的划分规则，以及重申秩序、规避无序等内容外，洁净与污染的规则实际还关涉到包括神圣与世俗、身体象征、社会系统的外部边界与内部区隔等维度。在对这些相关问题的讨论中，道格拉斯的观点与其他一些学者的观点出现了相似与契合的情况，但同时，彼此之间在研究旨趣、研究路径、理论延展等方面又展现出不同。将道格拉斯对洁净与污染规则的探讨与其他学者的观点相比较，可以进一步理解不同宗教、社会与文化中洁净与污染规则的启发意义。

第一节　神圣与世俗：同一抑或分离

在神圣与世俗的问题上，道格拉斯的观点是比较清晰的，在她看来，神圣与世俗并不是截然区分，需要跳出将两者对立起来的框架。道格拉斯对神圣与世俗的看法又和她对于原始与现代的看法紧密相关。她反对当时学术界将原始宗教与现代宗教进行截然区分的做法，也反对将原始宗教视为神圣与不洁不分的状态，她认为原始与现代之间并不存在大家所认为的那种鸿沟。从探讨洁净与污染的规则，到提出“格/群”文化理论，道格拉斯从未改变她在这个问题上的看法。因此，如何去看待神圣与世俗，实际上就如同如何看待洁净与污染问题一样，关涉到人们如何去看待部落社会文化和现代社会文化的问题。

当人们提到神圣与世俗这个问题的时候，涂尔干是一个经常会被讨论的人物，他关于神圣与世俗二分的观点影响颇大。总体上来说，“杜尔凯姆的核心观点是：宗教是一种集体表象，它的力量和它的本质在于社会，甚至可以说宗教所崇拜的神圣对象就是社会本身。宗教的表象是表现集体现实的集体表象；仪式是一种行动方式，它只产生于群体之中，其目的在于唤醒、保持、再创造这些群体的某些精神状态”。[1]如果说，涂尔干的分类观念对道格拉斯产生了非常深刻的影响的话，那么在如何看待神圣与世俗的问题上，两者展现出了不同。

在涂尔干的视角里，宗教作为集体表象，它所展现的实际是社会，“社会的观念乃是宗教的灵魂”。[2]社会对于其成员的那种控制力只有投射到具有神圣性的宗教上面，才能被社会成员所理解。一方面，宗教即社会，比如在图腾崇拜中，氏族以动物或植物作为图腾，将氏族人格化地表现出来；另一方面，涂尔干非常关注宗教的群体性。

在涂尔干看来，宗教是社会的集体表象，并且是非常重要的一种集体表象：“杜尔凯姆认为几乎所有重要的社会制度都来自宗教。由于集体生活的基本特性都始于宗教生活的各种特性，而不是来自其他事物，那么显而易见的是，宗教生活必然是一种卓越的形式，亦即集体生活的卓越形式。”[3]宗教所展现的神圣性也正是社会的神圣性。宗教通过塑造出一个神圣和世俗二分的世界，来展现自身或者说社会的神圣性。在涂尔

---

① 金泽:《宗教人类学学说史纲要》，见前引，第129页。

② 金泽:《宗教人类学学说史纲要》，见前引，第131页。

③ 金泽:《宗教人类学学说史纲要》，见前引，第131页。

干看来，所有的宗教，不管具体实践方式如何，都有一个共同的特点，那就是神圣与世俗的二分。

正如道格拉斯所言，涂尔干“坚持神圣领域与世俗领域必须彻底分离，而世俗与宗教的行为也应彻底分离”[①]，涂尔干“所坚持的分离法则是神圣之物的区分标记，它与世俗之物截然相反”。[②]道格拉斯认为涂尔干将神圣与世俗截然二分的观念会导致涂尔干在论及为何神圣之物是具有传染性的这个问题时出现混乱。她指出，涂尔干所讲的神圣与亵渎之间的对立实际上表达了个体与社会之间的对立，社会意识的形成是超越于社会个体成员的，是从社会个体成员“‘之外’和‘之上’投射到某种异类的、外在的而又强有力的事物上面”。[③]宗教作为社会的集体表象，是社会经历所形成的集体性理念，存在流动、易变的特征，因为理念会因经历不同而出现变动，宗教这一集体表象就摆脱不了失去自身显著特征的风险。

道格拉斯指出，涂尔干正是从这个思路上推理出

---

① 〔英〕玛丽·道格拉斯：《洁净与危险——对污染和禁忌观念的分析》，见前引，第33页。

② 〔英〕玛丽·道格拉斯：《洁净与危险——对污染和禁忌观念的分析》，见前引，第33页。

③ 〔英〕玛丽·道格拉斯：《洁净与危险——对污染和禁忌观念的分析》，见前引，第33页。

神圣之物同时也要成为污染之物，因为只有赋予神圣之物以污染性，使人们相信突破界限会遭遇危险而维护宗教这一集体表象的稳定，宗教领域中诸多的分离和划分仪式就是这方面重要的表达。

在道格拉斯看来，这看似解决了为何神圣之物具有传染性之问题，实际上却忽略了相关的一些问题。比如是否存在并非从社会进程中产生出来的传染性呢？神圣之物的传染性和非神圣之物的传染性又如何划分呢？部落社会中广泛存在的对于巫术的信仰为何要被归为原始卫生的范畴而非原始宗教的范畴呢？道格拉斯还指出，涂尔干在探讨仪式的问题时，仪式同样作为社会进程的象征，同时涉及宗教和巫术中有关污染的观念与行为，那么宗教和巫术中有关污染的观念和行为同样被赋予了社会象征意义，那么两者的分别在哪里呢？由此可见，尽管道格拉斯受到了涂尔干的诸多影响，但在神圣与世俗是否二分的问题上，两者的观念是不同的。

在关于神圣与世俗问题方面，米尔恰·伊利亚德也是一位极具代表性的人物。同样是划分出神圣世界与世俗世界，涂尔干认为神圣世界来源于社会经历，是社会生活的投射，也即社会生活赋予神圣世界以意义；而伊利亚德则刚好相反，他认为是神圣也即神圣的显现赋予社会生活以意义：

> 通过对诸神的模仿，人们使自己依然存在于神圣之中，因此也就生活在实在之中；通过不断再现神圣的模式，也将世界神圣化了。人们的宗教行为有助于维持这个世界的神圣性。[①]

在伊利亚德的观念中，只有通过神圣的向度，人们才能对自身的社会及文化有一个根本的理解。

在伊利亚德那里：

> “神圣”（sacred）与“世俗”（profane）表达了“存在于世的两种模式”，宗教总是令“宗教人”（homo religiosus）通过体验到具有超验价值的神圣世界的“超人”而超越相对的、历史－现世的、世俗的世界。[②]

人们对于现实世界的感知和认识来源于对神圣的体验，假如没有对神圣的体验，在伊利亚德看来，难

---

① 参见〔罗马尼亚〕米尔恰·伊利亚德（Mircea Eliade）：《神圣与世俗》，王建光译，华夏出版社2002年版，第52页。

② 金泽：《宗教学理论新探》，商务印书馆2022年版，第123—124页。

以想象人们对于现实世界能够有真实性的感知。

因此，在伊利亚德那里，人类的历史实际上就是圣现（hierophany）的历史，是人与神圣不断交流的历史。

> 不同的宗教对“神圣”有着不同的界说，但共同的任务就是阐示神圣是如何显现，人是如何认识和接近神圣的，其作用就是促进人们与“神圣”相遇，将个人“带出世俗世界或历史状态，推动他进入一个不同质的世界，即完全不同、超越和神圣的世界”。[①]

人们在对神圣空间与神圣时间的感知中，获得了对于社会生活的意义的感知，进而获得了对于自身生命意义的感知。因此伊利亚德认为现代社会因祛除了神圣意味而出现了神圣与世俗的割裂，但这并不意味着现代社会不需要神圣了，神圣反而像一种隐秘的“乡愁”影响着现代人的思想和感受。

实际上，伊利亚德对于神圣与世俗的划分看待，最终是要呼唤神圣与世俗的同一。正如《神圣与世俗》

---

① Mircea Eliade, *Autobiography, Volume II: 1937–1960, Exile's Odyssey*, Chicago: University of Chicago Press, 1988, pp.188–189.

的译者王建光所言，伊利亚德“发现了神圣与世俗之间的辩证性”，“他也更为强调在现实中、在世俗中感悟神圣、回归神圣”。[①]

在这个意义上，不管是涂尔干认为的神圣世界是世俗世界的投射，还是伊利亚德关于人类世俗生活史就是一部神圣史的观念，都是采用神圣与世俗二分的看待方式来梳理这些问题。最终两者都是走向同一的：作为社会集体表象的神圣世界与作为世俗世界之意义来源的神圣世界，最终都是指向于人们如何认识人类社会的问题。

在神圣与世俗的问题上，道格拉斯采取了与涂尔干、伊利亚德不一样的看待方式。正如她认为洁净与污染问题可以用一种统一的规则去看待，在神圣与世俗的问题上，她采取的也是将神圣与世俗统一起来看待的方式，神圣与世俗共享同一种规则，这种规则也就是类别的规则。这种观念与道格拉斯对于《利未记》的看法是密不可分的，当然也与其天主教的信仰背景有关。正如前文所述，道格拉斯认为要回到《利未记》文本本身，“如果我们承认圣洁的根本意义是‘分别出

① 王建光：《神圣与世俗有多远——伊利亚德〈神圣与世俗〉译后感言》，《博览群书》2003年第2期，第41页。

来'，那么下一个出现的问题就是认为圣洁具有整体性（wholeness）和整全性（completeness）"。[1]圣洁要求整体性和整全性，要求每一种类别和层次都要清晰分明，相互之间不能混淆。"圣洁就意味着保持创世之物的独特性。因而，它也就包含着正确的界定、区别与秩序。……圣洁就意味着完整的，独一的；圣洁是统一的、内外一致的，无论个体还是整个类别都是完美的。饮食规则只不过是以同样的方式发挥了有关圣洁的隐喻。"[2]

道格拉斯对于神圣与世俗从始至终都是作为整体来看待的，她认为建立在分类基础上的整全性和统一性是衡量标准，神圣的世界和世俗的世界共享这一规则。

第二节　身体象征：两类身体与自我意识

道格拉斯对于洁净与污染规则的探讨还关涉到身体象征的问题，她明确提出来存在两类身体，即生理身体与社会身体，并且，她认为个体的自我意识是社会

---

① 〔英〕玛丽·道格拉斯：《洁净与危险——对污染和禁忌观念的分析》，见前引，第63页。

② 〔英〕玛丽·道格拉斯：《洁净与危险——对污染和禁忌观念的分析》，见前引，第66—67页。

结构所决定的，具体来讲，是由社会分类体系决定的。

在道格拉斯看来，人们的生理身体与社会身体是对应的，生理身体是社会身体的表达，是由社会身体所决定的。社会对其个体所施加的控制，会通过对作为媒介的身体运用技术进行限制来表达。简单来讲，个体如何展示其身体，包括衣着、姿态、表情等，是被社会性地规定的，因而不同的社会场合对个体身体技术的要求也不同。

> 社会身体限制了物质身体被感知的方式。身体的实际经验，总是经由其被人们所知的社会类别所修正，维持着特定的社会观。①

对于两类身体，人们总是期望“有关控制的社会表达和身体表达之间具备一致性，首先，这是因为每一种象征模式都加强了彼此的意义，交流的目的得以进一步推进；其次是因为……每一种经验所接受的类别是相互派生和相互加强的”。②因此，强烈的社会控

---

① 〔英〕玛丽·道格拉斯：《自然象征——宇宙论的探索》，赵玉燕译，商务印书馆2023年版，第88页。

② 〔英〕玛丽·道格拉斯：《自然象征——宇宙论的探索》，见前引，第91页。

制也会要求强烈的身体控制；反之，在社会控制虚弱的地方，身体控制则倾向于松弛。

生理身体和社会身体共享同样的规则。“社会交往要求我们排除非预期的或无关的有机过程。因此，它为自己配备了相关准则，而这些准则组成了普适的洁净原则。分类系统越复杂，维持它的压力越大，社会交往就越是假装发生在非具身的灵魂之间。”[①]要将生理身体和社会身体结合起来看待，要将两者作为一个考察的整体来进行分析。只有这样，才能对个体与社会之间的关系有一个体系化的分析。因而，生理身体和社会身体的对应又可以视为个体的自我意识和社会的对应。

如果从两类身体的角度，也即从个体的自我意识和社会的对应的角度来看待个体的自我意识的话，那么，在道格拉斯的文字中，可以得出个体的自我意识由社会结构决定的结论，具体来讲，是由社会分类体系决定的。道格拉斯借用印第安人的“把戏鬼”（Triskster）神话来探讨个体自我意识的形成。在把戏鬼的故事中，一开始把戏鬼没有任何自我意识甚至没有确定的形态，是一个身体各器官都不在自身正确位

① 〔英〕玛丽·道格拉斯：《自然象征——宇宙论的探索》，见前引，第94页。

置上的模糊的形态。随着把戏鬼在不同情境中的经历，他逐渐认识到自己身体的各个部分，比如通过双臂之间的争斗以至于左臂受伤的故事，把戏鬼认识到双臂都是自己的身体部分。最终把戏鬼确定了自己的性别角色，并学会了判断周围的事物。

看起来，把戏鬼经历了一个将自身与周围环境分离的过程，这个过程如同个体从婴儿时期无差别看待周围环境到逐渐产生自主意识并能够分辨周围对象的性质与功用类似。把戏鬼的神话也某种程度上代表了人们是如何从原始社会中个体无差别看待自身与周围自然环境，到伴随社会分化的发展，开始树立非人格信仰对象的过程。但道格拉斯指出了一个问题，那就是从人类社会经验的角度讲，存在多种对于自身与周围环境的观念与看法，也就是人们对于宇宙、对于自身与宇宙的关系的看法存在诸多差异。把戏鬼是把自己同周围环境区分开来看待，同时把戏鬼也是意识到自己是一个整体进而获得自我意识。所以，无论是对于个体的自我意识，还是对于个体的生理身体，都应该从整体的角度去看待，把戏鬼的自我意识的形成过程，需要与把戏鬼所置身于其中的社会体系结合在一起看待。

个体的自我意识，正是对于个体位于其中的社会结构与社会分类体系的表达。社会分类体系复杂程度的不同，各项分类体系相互之间联结程度的不同，社会成员对于公共分类体系的共享程度的不同，以及成员相互间施加压力的程度的不同，决定了不同的社会结构与文化类型。不同的社会结构与文化类型中的个体的自我意识，也随之呈现出不同的样态。

正如道格拉斯所论述的，洁净与污染的问题，关涉到生理身体和社会身体的关系问题，关涉到自我与社会的关系问题。而在整体化、体系化地看待生理身体与自我意识的问题上，来自哲学现象学领域的梅洛-庞蒂（Maurice Merleau-Ponty）与道格拉斯有异曲同工的意味。尽管两者分析的路径不同，学科背景不同，但在整体化看待身体这一问题上，两者殊途同归。

在梅洛-庞蒂看来，“身体与世界是不可分离的，在它们之间有一种神秘的调谐，有一种原始的‘同谋关系’”。[①]“统一是一种多层次的统一，既有作为生理身体的官能统一，也有作为生理-心理身体的整体的心身统一，还有作为在世存在的身体与世界间的统一。”[②]

① 张尧均编：《隐喻的身体——梅洛-庞蒂身体现象学研究》，中国美术学院出版社2006年版，第42页。

② 张尧均编：《隐喻的身体——梅洛-庞蒂身体现象学研究》，见前引，第26页。

根据梅洛-庞蒂的这种观念，人们对于世界统一性的认识恰恰反映了人们自身的统一性，以及自我与世界之关系的统一性。反过来，对世界统一性的感知又强化了对自身统一性的认识。

“世界的统一性就是我的统一性，就是世界与我的统一性。……世界与我也是一种有机的蕴涵关系。……‘内部世界与外部世界是不可分的。世界整个就在我的里面，我整个就在我的外面’。”[①]可见梅洛-庞蒂这种身体与世界拥有先天的统一性的观念，与道格拉斯对于身体的整体化、体系化的考察是具有共通性的。

与梅洛-庞蒂同时代的乔治·巴塔耶（Georges Bataille）常被人们称为后结构主义的先驱，他的研究中，关于人性与兽性、他者性、异质性、神圣世界与世俗世界、僭越与禁忌等的研究贯穿始终。巴塔耶对于洁净与污染的看法与其异质性研究密切相关，同时是建立在他对于人性与兽性、神圣世界与世俗世界研究的基础上的。在这个过程中，如同梅洛-庞蒂一样，巴塔耶从一个不同的学科背景与研究路径，得出的某些结论与道格拉斯对于自我意识的观念，以及洁净与

---

① 张尧均编：《隐喻的身体——梅洛-庞蒂身体现象学研究》，见前引，第42页。

污染规则的观念具有共通性，尤其表现在社会对于不需要的元素的排斥方面。

巴塔耶认为人性是理性的源头，人摆脱兽性而拥有人性，继而逐渐建立起理性。巴塔耶对于兽性与人性的观念总体上受到黑格尔否定之否定哲学观念的影响。

他以为人性对兽性的否定使世俗世界得以确立。世俗世界是一个秩序井然的被物质主义和功利主义所统治的世界。巴塔耶指出，人在否定兽性、确立人性的同时，实际也在经历另一个否定，即对于否定自身的否定。

基于人性对兽性的否定而形成的世俗世界因为这种否定而产生了诸多禁忌，尤其是性禁忌与对身体排泄物的禁忌。在巴塔耶看来，禁忌总是在呼唤僭越，那些被诅咒的事物被赋予神性，变成一种改造过的自然，是具有神圣性的兽性。世俗世界对兽性的否定，神圣世界对世俗世界的否定，总是不断地相互纠缠。“僭越不是对禁忌的否定，而是超越禁忌并将其补完……没有不能僭越的禁忌。通常僭越是允许的，而且往往有其规定。”[1]对于世俗世界来说，要维护对于兽

①〔法〕乔治·巴塔耶:《色情》，张璐译，南京大学出版社2019年版，第91页。

性的否定，但又不能摆脱被诅咒之物的影响，因而产生了两种处理方式：一种是向下，即从某种程度上向兽性回归，使自身适应冲动、不洁、肮脏和欲望；另一种是向上，即宗教这一神圣性的典型形式，向着克制、洁净、无欲和追求灵魂的方向迈进。

总体上，巴塔耶的视线总是关注社会边缘人士和群体，他关于禁忌与僭越的研究、对于他者性和排泄物的研究都是如此。他认为人类社会之所以要将外来者视为他者进行驱逐，之所以要划分洁净还是污秽，归根结底是社会在排斥它所不需要的元素，换句话说，对异质性的排斥是为了维护同质性。

在巴塔耶看来，异质性同时也代表了创造力，正如被诅咒的恶魔依然拥有超自然能力，神圣令人恐惧也是因其所拥有的力量。巴塔耶对于异质性绝对他者的界定，对于社会系统排斥其不需要的元素的分析，以及延伸到对于洁净与污染的划分问题，与道格拉斯通过对《利未记》文本分析，从“分别出来”出发而形成的关于两类身体、自我与社会的整体性看待有共通之处。不管是巴塔耶的绝对他者，还是道格拉斯关于自我意识的分析，都强调自我与身体的整体性的问题。当然，两者在这个问题上延伸出去的理论观点是不同的。另外，两者在关于社会系统通过排斥不需要的元素方面，观点更是展现出相似性。道格拉斯对于社会系统基于分类体系将那些模棱两可的事物列为禁忌从而维护自身秩序的观点，与巴塔耶关于他者的研究、关于排泄物的研究，以及关于禁忌和僭越的研究都有相似之处。道格拉斯讲“没有差别的地方就没有污秽”，[①]与巴塔耶所讲的同质性与异质性问题异曲同工。

梅洛-庞蒂和巴塔耶都来自法国学术共同体，很难讲道格拉斯是否从两者的观点中获取了灵感，或者进一步讲汲取了哪些内容，但可以肯定的是，三者的研究路径是不同的，学科背景和研究思路也是有显著差异的，但在具体的观点表述中，比如关于自我与身体、洁净与污染的划分等问题分析中，展现出了共通之处。

第三节　空间隐喻：外部边界与内部区隔

道格拉斯关于洁净与污染的规则还涉及内部区隔与外部边界的问题，这里的内部区隔与外部边界都是以社会系统为基准的内外边界之分，是一种隐喻性的空间概念（隐喻性的空间概念有时也采取控制物理空

① 〔英〕玛丽·道格拉斯：《洁净与危险——对污染和禁忌观念的分析》，见前引，第167页。

间的手段进行表达)。在道格拉斯的观念里，社会为何要划分出哪些事物是洁净的，哪些事物是肮脏的，是因为社会要确立它的外部边界，以维护自身系统的完整性，以及确立内部各部分之间的位置与关系，以维护自身系统的有序运转。

在道格拉斯看来，社会“本身就拥有支配人们或使人采取行动的权利。这种形象有其形态，还有外部的界限、边缘及内部结构。它的纲领具有一种奖励顺从和击退攻击的能力。它的边界和无结构的地带也同样具有能量。任何结构、边缘或边界的人类经验都能被用于社会的象征”。[①]正如生理身体与社会身体组成一个整体性的系统，社会对其边界的确定往往采取身体边界的形式。身体可以表示任何具有界限的体系。人体的边界也是系统边界地带的象征。在道格拉斯看来，只有将身体视作社会的象征，才能通过考察身体排泄物、唾液等去理解仪式，才能理解身体边界对于受到威胁的或处于危险状态的社会边界的象征。

在不同的社会文化中，身体象征的呈现方式会出现不同，甚至相反的状况。道格拉斯指出要区分四种

---

① 〔英〕玛丽·道格拉斯:《洁净与危险——对污染和禁忌观念的分析》，见前引，第124页。

不同的社会污染情况，分别是：“第一是在外部边界上施加的危险；第二是超出系统内部界限的危险；第三是界限边缘的危险；第四是当一些基本的假设被其他基本假设否定，以至于在某些点上看，体系在与自己纷争——也就是内部冲突的危险。”[①]四种不同的社会污染实际上都指向了同样的一个目的：社会往往通过对身体边界进行规定来处理自身系统内外的危险。比如通过对身体上的孔洞的禁忌来表达人们应如何处理有关于出口与入口的社会事务。通过对生理身体的统一性、整体性与洁净的关注，来保护社会系统的统一性与完整性。不同文化中对身体排泄物的不同禁忌规则，以及不同文化内部人群间的禁忌规则，尤其是种姓制度中的禁忌规则，从这个角度看，就变得非常容易理解了。

道格拉斯指出，尽管污染规则和道德规则之间并不能严格吻合，但两者之间是存在密切关系的：“一旦污染危险被策略性地置于道德准则中的关键要点上，它们就会在理论上强化道德准则。”[②]当道德谴责滞后

---

① 〔英〕玛丽·道格拉斯：《洁净与危险——对污染和禁忌观念的分析》，见前引，第132页。

② 〔英〕玛丽·道格拉斯：《洁净与危险——对污染和禁忌观念的分析》，见前引，第140页。

松懈的时候，污染规则会重新整合道德准则，也就是“在令人发指的行为有可能不受惩罚之处，污染观念才会被用来补充其他制裁的缺位”。[①]“污染观念通过提供一种针对错误行为而非针对个人的惩罚，也就向公认的道德系统提供了支持手段。”[②]

社会通过污染观念与道德准则来维护自身内部的结构稳定，但在社会经验中，人们在观念上对于污染禁忌和道德准则的认知未必会在现实生活中完全遵守，反而总是充满了有意或无意地对于规则的打破。那么，社会同样要采取方式来维护既有的污染观念和道德准则，实际上就是在维护自身系统的稳定运转。净化仪式与忏悔仪式是人们用于祛除危险的两种重要方式。

当净化本身被认作是对道德过错的适当处理方法时，在污染与道德之间就有了崭新的关系。包含了污染和净化的观念复合整体就成了一个安全网……简单的净化仪式就能使人们挑战他们社会系统中的冷酷现实而免受责罚。[③]

---

① 〔英〕玛丽·道格拉斯:《洁净与危险——对污染和禁忌观念的分析》，见前引，第141页。

② 〔英〕玛丽·道格拉斯:《洁净与危险——对污染和禁忌观念的分析》，见前引，第142页。

③ 〔英〕玛丽·道格拉斯:《洁净与危险——对污染和禁忌观念的分析》，见前引，第146页。

人们对污染规则的恐惧未必会阻止人们在实际行为中打破规则，净化仪式某种程度上为人们提供了克服和战胜这种恐惧的途径。但需要注意的是，人们对污染规则的恐惧，以及为祛除危险而举行的净化仪式，反过来强化了污染规则所支持的道德准则，净化仪式这种方式为打破规则的行为提供了容身之处，社会对于污染观念和道德准则的维持获得了稳定性。

因此，社会系统中的污染观念与道德准则的密切关联使得社会系统能够通过身体象征维护自身内部各子系统相互间的关系以及有序运转，“只要在界限不稳定的地方，就会有污染的观念前来相助。身体跨越社会屏障会被认为是危险的污染，会导致我们刚刚考察过的种种后果。污染者成了被双重谴责的邪恶对象，首先因为他跨越了界限，其次因为他给别人带来了危险”。[①]

利奇与道格拉斯同为英国社会人类学家，并且两者的很多观点一度出现高度契合，尽管后期学术走向不同，但两者在关于宗教禁忌的对象往往是模棱两可的事物的观点上是彼此支持的。

---

① 〔英〕玛丽·道格拉斯:《洁净与危险——对污染和禁忌观念的分析》，见前引，第147页。

利奇认为，食与性的象征，特别是饮食禁忌和性禁忌，是人类社会系统分类模式的重要组成部分。这种分类与现代自然科学的分类不同，自然科学的分类是以自然物种的自身特性为基础的，而人类社会系统的分类是“文化”的，是以人为中心的（虽然可能以神圣的话语形式出现）。[①]

利奇在其《文化与交流》中“通过分析性禁忌和食物分类，展示出一系列的对应关系”，并指出“禁忌的对象往往是那些在分类中属于模棱两可的东西”。[②]

对比前文所述道格拉斯关于分类上模棱两可的事物往往成为禁忌对象的分析中，可以看出其与利奇在这个问题上的高度相似。不过，对于道格拉斯来说，模棱两可的事物被列为禁忌对象，是因为它们不能被纳入完整的分类体系中，所以挑战了社会系统的权威，对社会系统在内外边界的建构中造成了威胁，因此社会系统要将其作为禁忌对象排除出去，进而维护系统的秩序。而利奇对于禁忌模棱两可的研究，更多地从神圣与世俗、此岸与彼岸的对立统一的关系角度去梳理。在利奇看来：

---

① 金泽：《宗教人类学学说史纲要》，见前引，第289页。

② 金泽：《宗教人类学学说史纲要》，见前引，第290页。

> 此岸与彼岸是两个逻辑上严格区分的范畴，它们之间有一道鸿沟。宗教为这道鸿沟架设飞桥的是“一些超自然的模棱两可之物，即人形化的神灵、圣母、超自然的半人半兽妖怪”。这些边缘性的、模棱两可的东西被赋予了介乎神人之间的力量。[①]

尽管存在不同，不管是道格拉斯还是利奇关于模棱两可的事物为何作为禁忌对象的分析，实际上都指向了社会分类体系的问题，不管这种分类体系是从二元结构上看的，还是从多元结构上看的。因而，利奇的禁忌模棱两可某种程度上也是对于边界问题的关注，一如道格拉斯所分析的污染观念在社会维护自身外部边界和内部区隔当中所起到的作用那样。在关于社会系统对自身边界的维护与协调方面，维克多·特纳（Victor Turner）在范·热内普（Arnold Van Gennep）的基础上，对“通过仪式”的中间阶段进行了深入探讨。其将通过仪式的中间阶段视为“阈限”，而处于阈限中的人，在社会身份和社会位置上都是处于模棱两可的状态。阈限人的模棱两可表现在诸多方面，比如

① 金泽：《宗教人类学学说史纲要》，见前引，第291页。

异常的服饰装扮与行为举动等，这些模棱两可或者阈限阶段在特纳看来，恰恰是社会对其自身结构的维护。在这点上，道格拉斯、利奇、特纳具体文字表述不同，问题旨趣不同，却在社会如何对待模棱两可，以及如何利用禁忌与仪式手段维护自身的内外边界与系统结构的问题上趋于一致。

特纳将通过仪式分成了三个阶段："通过仪式是从分离阶段到阈限阶段、再到聚合阶段的过程。在此进程中，人们从社会的结构状态（有区别、有位差、有秩序），进入反结构状态（无区别、平等、混沌），再到结构状态的过程。"[①]其中，阈限阶段作为中间阶段，既是模棱两可，同时又具有融合的特质，在这个阶段，人和事都处于无结构或反结构的状态，处于无差别的混沌之中。

正如学者金泽所指出的：

> 利奇、道格拉斯和特纳这三位学者，都不是仅仅研究宗教现象的人类学家，他们还研究其他的社会制度（如亲属制度、政治制度）和过程（如戏剧表演，游戏）。或许正因如此，他们既能

① 金泽：《宗教人类学学说史纲要》，见前引，第307页。

> 够深入到宗教现象的背后探讨其文化意义与社会功能，又能够宏观的俯视宗教在社会结构中的位置及其在社会运行过程中的互动，纵横比较，触类旁通。尽管他们的研究有着不同的路径，对宗教现象做出不同的解读，或注重于静态的结构（如道格拉斯），或关注于动态的过程（如特纳），但有一点是共同的：他们都不是孤立的研究宗教，而是将宗教现象（无论是传统的还是现代的）置于特定的社会历史文化之中，是将宗教作为人类生活和人类文化的一个组成部分来理解。[①]

这很好地解释了为何三者研究思路不同，却在宗教禁忌与社会系统结构的分析中出现共同点的原因。

如上所述，由道格拉斯所提出的洁净与污染规则的维度是多重的，如何划分洁净与污染本身就是一个对于人类社会生活来讲至关重要的问题。洁净与污染规则的影响也绝不仅仅限于宗教学领域、人类学领域、社会学领域，而是延伸到了哲学、政治学、文学等领域。

除直接相关的主题外，一些学者也从道格拉斯提

① 金泽：《宗教人类学学说史纲要》，见前引，第310页。

出的洁净与污染规则中得到了启发，比如玛莎·C.努斯鲍姆（Martha C. Nussbaum）关于恶心感的研究和朱莉娅·克里斯蒂瓦关于卑贱物的研究，实际上都受到了洁净与污染规则的深刻影响。努斯鲍姆认为“恶心的观念性内涵是，自我会因摄入令人不适的物质而变得卑下或被污染”。[①]所以，恶心感来源于人们感受到自我的完整性受到了挑战。而这些观点显然与道格拉斯关于圣洁的统一性与完整性的观点相一致。并且，努斯鲍姆试图让人们看到，恶心感是一种主观决定的感受，这种思路可以说与肮脏作为一种主观认识一脉相承。既然肮脏是一个主观性的问题，那么与肮脏紧密相关的恶心感的产生也就是一个主观性问题了，是人们主观认知和态度所带来的结果。

道格拉斯对于克里斯蒂瓦的卑贱物研究的影响更加明确且广泛。克里斯蒂瓦的卑贱物研究集中体现在她的著作《恐怖的权力——论卑贱》[②]一书中。该书法语版最初出版于1980年，1982年英译本出版，自此她关于卑贱物的研究成为她将结构主义、语言学、文

---

① Martha C. Nussbaum, “Secret Sewers of Vice: Disgust, Bodies, and the Law”, in *The Passions of Law,* New York: NYU Press, 1999, p. 23.

② 〔法〕朱莉娅·克里斯蒂瓦（Julia Kristeva）:《恐怖的权力——论卑贱》，张新木译，商务印书馆2018年版。

学等的研究扩展至哲学、社会学领域的重要构成部分。从克里斯蒂瓦的卑贱物研究中，能看到弗洛伊德精神分析理论的影响，也能看到她对于巴塔耶异质性理论的兴趣，同时，在谈到与污秽、肮脏、拒斥等紧密关联的卑贱物时，克里斯蒂瓦多次提及道格拉斯，从对模棱两可的关注到对《利未记》的兴趣，可以说，这是道格拉斯所提出的洁净与污染规则在更广阔的人文社科领域的再次回响。

经由克里斯蒂瓦的卑贱物研究，道格拉斯关于洁净与肮脏的看法在艺术界也产生了影响，比如肮脏不是事物本身的属性，而是因为人们从主观上认为该事物是脏的，这种观点影响了已然成为一种潮流的卑贱艺术，废弃的马桶也可以成为一件艺术品。从技术上来说，卑贱艺术打破传统艺术的条条框框，卑贱艺术之所以成为一种潮流，正是因为有从道格拉斯到克里斯蒂瓦这些学者们不断的研究作为基础。废弃的马桶或者烟灰缸，或者其他生活垃圾，作为垃圾是脏的，但作为艺术品又是干净的。吸引观众的正是这一物品它既是垃圾同时又是艺术品的双重性。这种双重性是人赋予这一物品的，当它被摆放在艺术品展览厅的时候，它的双重性超越了单一角度，这种超越带来的模糊性也吸引了观众，唤起人们关于自身是如何主观性地看待事物的反思。

> 《洁净与危险》彻底影响了西方人的心灵。人们一直在寻找反对仇外心理、强迫性秩序、习俗、大男子主义和一般古板思维的论据。乍一看可能会令人惊讶，一本论述仪式性洁净的学术著作——关于20世纪60年代和70年代的第三世界的艰深主题——会造成这样的结果。毫无疑问，真正的原因是道格拉斯把目光投向了整个人类。[①]

因此，洁净与污染规则的启发意义不仅仅限于清洁、污秽等问题上，它关涉到的维度是多重的，它的影响也是多方面的。洁净与污染规则之所以成为人们在该问题上广泛认同的理论视角，从根本上说，是因为其在更深层次地梳理社会秩序和文化价值方面所具有的重要意义。

---

① 〔芬〕奥利·拉格斯佩兹：《肮脏哲学》，见前引，第97—98页。

第五章 洁净与污染规则的哲学意义和社会学意义

洁净与污染的问题是经验社会中具有多种外在形态的实践问题，同时又涉及人们宇宙观的问题；既影响人们的世俗生活，又与神圣世界存在诸多关联。洁净与污染的规则，作为人们看待事物的方式之一，其意义远远超出了饮食与卫生的领域。总而言之，洁净与污染作为一个与宗教密切相关的问题，对其的探究既具有哲学上的意义，也具有社会学上的意义。

第一节 洁净与污染规则的哲学意义

在高楼林立的现代社会中，人们还会发现有这样一个族群的存在，他们保持着流浪民族的浪漫，以大篷车为工具过着非定居的生活；他们能歌善舞，却被所到之处的主流族群视作化外之人。这个族群就是吉卜赛人。吉卜赛人和非吉卜赛人之间，像是有一道屏障，总是存在许多可能产生误解的领域，比如卫生的问题。非吉卜赛人将吉卜赛人视为“肮脏”的民族，而在吉卜赛人的眼中，那些自称卫生的非吉卜赛人才是没有洁净观念的民族。

在吉卜赛人看来，非吉卜赛人都是受到污染的和污染别人的人，被视作“摩卡迪”。一个吉卜赛人会认为，非吉卜赛人厨房的水池边同时放着牙刷和用于洗手的肥皂，是极不卫生的习惯。吉卜赛人会在清洗食物的用具和清洗外在身体的用具之间进行严格的区分，他们认为外在的身体是不干净的，比如皮肤会有脱落的角质等，如果经由食物以及人的嘴巴进入身体内循环的话，那么就会对人造成污染，因此在其看来，肥皂放在厨房的水池边会造成污染。从这个角度看过去，在非吉卜赛人的眼中，咖啡馆里的吉卜赛人用手抓食物吃是不文明、不卫生的表现；而在吉卜赛人自身来看，这恰恰是不去使用不了解清洗过程的餐具以避免自身受污染的讲卫生的做法。“吉卜赛人的信仰不仅将非吉卜赛人归类为污染的，而且还提供了保持内部洁净的手段。”①吉卜赛人的卫生观念与其对于族群的认同

---

① Judith Okely, *The Traveller-Gypsies*, Cambridge: Cambridge University Press, 1983, p. 77.

一样，有着明显的内外边界的划分。内在的身体成为吉卜赛人族群的象征，通过将外在的身体与内在的身体严格区分，保持严格的洁净观念与实践，来反复强化其族群认同与族群内部的团结一致。

所以不是卫生学的规则，而是人们头脑中的观念决定了人们对于肮脏的认知和反应。什么事物是洁净的，什么事物是肮脏的，什么事物又会带来污染的风险，根据洁净与污染的规则，这一切都处在一整套的象征体系之中。

人类生活在大自然中，既和大自然中的动植物一样属于大自然物质构成的一部分，又具有人类独特的思维、意识、观念等，这使得人类在大自然的存在中拥有某种独特性。正如巴塔耶等人所讲的兽性，植物、其他动物在大自然中完全是统一的，就是按照本能在运行。但人类有各种各样的思想和个性，况且人类个体的思想和行为有时也是不统一的。人类没有办法完全按照自然规则和本能去行事，但人类作为大自然物质构成的一部分，又总是希望存在某种大家共同遵守的规则以使人们的生活有条不紊，就像大自然使植物随着春夏秋冬萌芽结果那样。有关洁净与污染的观念，各种祛除污染风险的洁净仪式，都是这样一个过程的组成部分。

关于洁净与污染的象征体系和宗教、神圣性呈现出密不可分的关系。污染的风险也总是和某种超自然的力量相联系。这是因为洁净与污染的问题原本就关涉到宗教禁忌和宗教仪式等问题。或者换句话说，之所以洁净与污染的观念和仪式能够成为人类象征体系的构成部分，恰恰是因为它是人类创造宗教的一个构成部分，从原始巫术到现代宗教，洁净与污染问题始终贯穿始终。

宗教是人类社会仅有的产物。从古至今，宗教对人类历史和社会的发展都具有重要的意义。“宗教创造了一个超越自然的物理世界和生理世界相异化的彼岸，宗教使人的行为，特别是群体的行为，超越了生物界共有的为了获得食物与生殖的生理需要，而有了‘文化’的意义。”[①]宗教通过建构人与超越人的存在或力量的关系，绘制出关于宇宙与人类的起源与延续的图景，为人类作为个体或群体的存在提供价值和意义。

宗教作为人类社会文化体系之一种，既与其他文化体系存在共性，又有自身的独特性。“‘神圣’是宗教的关键属性，它不仅赋予人的生活（包括思想与行为）以‘意义’的定位，而且世界和宇宙也由此变成

① 金泽：《宗教人类学导论》，宗教文化出版社2001年版，第1页。

可以理解的和可以把握的。”[①]宗教信仰作为人类社会发展过程中所形成的信仰形式之一，因神圣与超越的因素而成为独特的存在。宗教也为人们提供了看待大自然，以及如何看待人与自然关系的维度。人类作为大自然的物质组成部分，不能摆脱生老病死的自然规律；人类作为拥有独特思维、意识、观念等的存在，自然会去探索生前与死后如何联结，祖先与后世如何联结，疾病的来源是什么，祛除疾病的方法是什么，等等。

换言之，人们的“宗教性”是在人类试图掌控周边世界的过程中自然而然产生的。“超越性，说到底，是承认不承认世上有没有一种在人之外或在人之上的，人又不得不受制于它的东西。”[②]人们对于超越性的具体观念有多种形式，但总体上神圣性与超越性使得人们对于世界的看法、对于空间和时间的划分都蒙上了一层神秘的色彩，并且人们执着于追求这种神圣观念与行为的统一。

因此，洁净与污染的问题绝不仅仅是食物禁忌的问题，而是一个关联着人们如何看待世界的问题，即是一个与人们的宇宙观相联系的问题。所以，外

① 金泽：《宗教学理论新探》，见前引，第26页。

② 金泽：《宗教学理论新探》，见前引，第11页。

在形态多样的关于洁净与污染的观念与行为，展现的是人们不同的宇宙观的问题。

上述吉卜赛人的洁净观念及其与非吉卜赛人形成的鲜明对比是这方面一个很好的例证。吉卜赛人对于洁净与污染的观念与行为展现了他们如何看待自然和其他族群的宇宙观。身体的洁净，尤其是内在身体的洁净，是维护吉卜赛人族群边界的象征性手段。吉卜赛人族群还有一个被人熟知的特点，即占卜、看相等的盛行。实际上，根据洁净与污染的规则及延伸讨论，巫术宇宙观往往盛行于弱格强群社会文化类型中。

在该类型中，社会中的分类体系一致性联结的程度是微弱的，这种类型的社会并没有清晰的内部区隔的划分，这种模糊性会使得这个社会中人们对自身的角色以及角色的规范认识不清。另外，这种社会类型中成员之间彼此给予对方的压力又是强烈的。这样的社会结构使得其内部成员间较为追求平等与一致，同时将自身作为“我们”，而把其他群体视为“他们”。内部规则的模糊与外部群体边界的严格划分，使得这种类型的社会成员相互之间充满了猜忌、竞争，人们对于不幸事件的解释往往归结为邻居作为潜在竞争者对于恶意的、超自然力量的使用等。比如欧洲文化中对于巫师形象的塑造，巫师经常是一个为了获取某种超自然的力量而与魔鬼达成共谋的形象，除了神秘的、超自然的色彩，巫师也是一个与外部的“他们”通敌而对群体内部带来危险的角色。所以巫师往往从外在形象上就是一个与群体内部普通成员形象不一致或者相反的形象。当然，有时巫师作为个体来说，是游离于社会结构之外的，从内在看是处于原点位置上的状态，逃脱了社会的限制。

所以，不同社会文化类型中人们会形成不同的宇宙观。比如强格强群的社会文化类型中，巫术就不大可能会盛行，因为社会具有相当细致的各种分类体系，相互之间一致联结，像一张井然有序的网格，社会成员很清楚自己处于网格中的什么位置，也很清楚如何处理周边的人、事、物，成员彼此间也相互制约对方的言行，因而对于问题的解释不会诉诸社会成员对于恶意的、超自然力量的使用。

综上所述，从饮食规则探讨开始的洁净与污染规则远远超出了食物禁忌的范围，而是与人们的不同的世界观联系在一起，它是人们如何看待宇宙、看待自身与宇宙之间关系的象征体系。洁净与污染的规则同人们看待世界的其他方式一起，共同为人们的社会生活提供意义。洁净与污染问题同时也是人们探讨宗教问题的重要角度，对于人们认识宗教在人类社会生活中的重要意义也能带来启发。当然，洁净与污染的观念是由人创造出来的，且不同社会文化结构中的人会创造出不同的洁净与污染的观念，正如人创造了多种多样的宗教并对人们的社会生活产生影响一样，人们创造出的洁净与污染的规则也成为人们用于控制社会生活的手段。

第二节　洁净与污染规则的社会学意义

宗教为人们提供了世界观的选择，同时它也为人们提供了如何行为的规则，因为人们的宗教信仰会对其思维方式、行为方式甚至生活方式都产生影响。"'虚'与'实'这两个方面构成宗教信仰的内在张力或双重属性。"[①]宗教作为一种影响人们思想观念和行为方式的文化形式，也是人们如何维护社会运转的表达方式之一。不管是有关神圣与超越的研究，还是有关世俗与经验的研究，最终都是指向了如何认识人类社会的问题。

洁净与污染规则作为人们控制社会生活的手段，无疑也具有丰富的社会学意义。跟洁净与污染观念相

---

① 金泽：《宗教学理论新探》，见前引，第7页。

关的一系列的宗教禁忌，规定了人们该去如何认识事物和对待事物：一方面从观念上对事物进行分类，好的或坏的，善的或恶的，道德的或非道德的，正义的或非正义的；另一方面从行为上对人们加以控制，什么样的行为是被允许的，什么样的行为是不被允许的。洁净与污染规则的多重维度，包括身体象征、空间隐喻等问题其实都是涉及社会是如何通过洁净与污染的规则来调控其成员的观念与行为的。简单来说，洁净与污染规则就是社会维护其秩序、处理失序状况的手段。

社会系统总是倾向于分类。每一种社会文化也都有其分类的原则和方式。在一个社会体系中，那些不能被明确地、整全地划分到某一个类别中去的事物实际上构成了对整个社会分类体系的挑战。这时社会系统也会遭受被破坏的潜在威胁。洁净与污染的划分及与之相关的禁忌、洁净仪式就是社会用以处理这些潜在威胁的象征性方式。那些模棱两可、不能被明确分类和放置于恰当位置的事物，往往被列为禁忌的对象。既然这些事物挑战系统的稳定，那么就将其剔除出去，在观念上将其视为危险，在行为上禁止人们接触，以此维护原有系统的权威与稳定。

回到吉卜赛人的案例，吉卜赛人将所有的垃圾、废物都扔到他们的大篷车和营地之外，而在大篷车和营地内部，遵守极其严格的清洁规则。大篷车和营地与其之外的地方，形成了界线分明的两个区域，如同吉卜赛人内在身体和外在身体的界限分明一样。吉卜赛人视大篷车和营地以外的地方都是“摩卡迪”，是受到污染的并会带来污染的区域。吉卜赛人正是用这种身体象征和空间划分的手段来强化他们作为族群的意识与边界，并用以维护族群内部的秩序。这是一种有意地同非吉卜赛人区别开来的社会分离。只要吉卜赛人维持其自身的包括洁净观念在内的传统观念，及经济上的相对独立，他们就会延续这套以洁净观念与仪式作为重要内容的象征体系，继续这种非定居的不断旅行的生活方式。所以，吉卜赛人并不理会当地政府为其设置的现代水管装置和其他卫生设施，因为这些是属于非吉卜赛人的洁净观念与维持秩序的手段，而非吉卜赛人的。吉卜赛人自有其维护群体秩序所对应的洁净与污染观念，所以，正如上文所提及的，一个吉卜赛人不会把用以洗手的肥皂放置于用以洗食物的水池旁边。

不同的社会文化类型自会产生与其对应的关于洁净与污染的观念与行为，并用于维护自身秩序和内外边界。洁净与污染规则的提出，使得人们对该问题的探讨获得了一个更为清晰的认识，在卫生学的、道德的、历史的角度的认识之外，它使人们看到了自己费力去证明的脏的事物，并非本质上是脏的，而是人们的主观认识上认为它是脏的；而人们之所以从主观认识上视其为脏的，是因为它挑战了人们的分类观念；当一个不能被准确、清晰地纳入社会分类体系的事物出现时，人们会采取将其列为禁忌、将其视为危险的来源而加以回避等方式去维护原有的分类系统，以保持社会系统的稳定。所以，“没有差别的地方就没有污秽”。[①]肮脏是由人们头脑中的分类观念创造出来的，那些模棱两可的事物、不能被纳入既有分类体系的事物就成了肮脏的事物。

人们会采取各种方式去处理肮脏，洁净仪式就是一种通常的方式。社会通过洁净仪式来使其系统重回清晰与稳定。“污垢冒犯的是秩序。去除污垢并不是一项消极活动，而是重组环境的一种积极努力。”[②]如果说保持洁净是一种积极正向的过程，那么同时它也具有使人们的生存环境免受污秽侵扰的意味；清洁仪式在祛除肮脏和污秽的过程中，也蕴含了人们希望自身处于纯洁和干净的环境中的意愿。所以，保持洁净和远

① 〔英〕玛丽·道格拉斯:《洁净与危险——对污染和禁忌观念的分析》，见前引，第167页。

② 〔英〕玛丽·道格拉斯:《洁净与危险——对污染和禁忌观念的分析》，见前引，第14页。

离肮脏是一体两面的问题，是人们同一个经验过程的不同向度。人们也是在清洁仪式的过程中，同时完成了这两个方面的建构。

仪式是人们用于强化或重建秩序的重要方式。仪式有宗教意义上的仪式，也有世俗意义上的仪式，不管是哪种，人们对于仪式的需要从古至今都是没有改变的。就宗教仪式来说，人们总是倾向于认为原始部落社会充满了巫术仪式，而现代人已经摆脱了巫术仪式的影响，对神圣的向往更多是一种内在的过程和精神的追求。甚至在生活领域，一些原本具有宗教意味的仪式长久沿袭下来，比如人们在神像面前祈求财富、成功、幸运等，难道不是一种仪式性的表达吗？人们对其宗教意涵已经相当陌生，但依然会去完成这一仪式过程。

所以，回到洁净与污染问题的缘起，原始社会中普遍存在的有关食物、唾液、血液等的洁净与污染观念和与之对应的清洁仪式，和现代社会中的有关洁净与污染的观念与行为有相通之处。原始社会和现代社会在划分洁净与污染方面，共享同一种规则，那就是分类是否明确、位置是否恰当。

洁净与污染的观念，以及各种各样的清洁仪式，是社会用以构建其外部边界和内部区隔的重要手段。但在社会运行的过程中，总有跨越界限的事物或人类行为的存在。“跨越界限带来的危险就是力量。”[①]所以，从身体里分泌出来的唾液、血液，排出来的粪便等，因其象征了对于界限的跨越而被视为具有污染性，同时也被视为具有某种力量。

分类不明确、位置不恰当的事物被认为是肮脏的、危险的，被列为禁忌对象，比如《利未记》中将猪这种既是偶蹄又不反刍的动物列为不可食之列。但同时也存在一种情况，那就是这一不能明确归为某个类别的事物因其能够跨越类别界限而被认为能够带来某种善的力量。比如莱勒人当中对于穿山甲的信仰，就是后一种情况。捕猎是莱勒人的重要生活方式，莱勒人认为精灵居住于动物世界，而人类世界需要精灵为他们带去繁荣、多产与康复。穿山甲作为一种爬行动物，却像鱼一样有鳞；从外形上，穿山甲更像卵生的蜥蜴，却是胎生哺乳。在莱勒人中，“人界的双胞胎父母和丛林中的穿山甲都被看作是多产的源泉而被供奉起来”。[②]莱勒人在仪式中吃掉穿山甲，被认为能够为族人带来多产的能力。

---

① 〔英〕玛丽·道格拉斯：《洁净与危险——对污染和禁忌观念的分析》，见前引，第168页。

② 〔英〕玛丽·道格拉斯：《洁净与危险——对污染和禁忌观念的分析》，见前引，第175页。

总而言之，分类是否明确、位置是否恰当，是原始社会和现代社会共享的洁净与污染的规则。洁净与污染的观念和与之相应的清洁仪式共同成为人们维护社会秩序、处理失序的手段。人类社会之所以出现多种多样的有关洁净与污染的观念和行为，是因为人们生活在不同的社会文化类型中，背后的结构决定了人们看待世界的不同方式。但不管是何种社会文化类型，边界地带都具有至关重要的象征意义。一方面是不能被明确分类和放置于恰当位置的事物往往成为禁忌的对象，被视为是危险的；另一方面，这些事物又往往被认为是具有某种力量的。跨越界限所带来的力量是恶的还是善的，人们为什么会形成如此的观念以及产生相应的仪式实践，需要从人们所生活于其中的社会结构来找寻。洁净与污染的观念与行为、禁忌与仪式，实际上都是社会维护其秩序与结构稳定的象征性手段。

洁净与污染的问题从来不止步于卫生问题，洁净与污染的规则也不仅影响了现代人关于卫生的认知观念。洁净与污染规则作为宗教体系建构的组成部分，与人们其他宗教的、非宗教的看待世界的方式一起，为人们的生活提供意义和价值，为人类社会的有序运转提供有效的支持手段。因此，洁净与污染规则的哲学意义和社会学意义是不容忽视的。

第六章
洁净与污染问题的国内研究概况

国内对洁净与污染规则的相关研究，除译介道格拉斯的著作《洁净与危险》《制度如何思考》《作为文学的〈利未记〉》《自然象征》之外，还有一些论文从不同角度对她的思想进行了探讨。

金泽著《宗教人类学学说史纲要》中对道格拉斯的思想做了提纲挈领的介绍，其中重点论述三个问题：禁忌与“卫生学”的关系问题，社会如何对待“失范”的问题和“格/群”文化理论。这三个问题实际上是道格拉斯一生学术的主要关注点，也可以说，社会文化的秩序问题是她的主要学术关怀。书中指出，道格拉斯关于《圣经·利未记》所记载的禁食猪肉等戒规的解释，令人耳目一新。在她看来，这些规定体现出，神圣是一种秩序而非混乱的观念，神圣的根本意义在于“区分”；肮脏只是一个相对的概念，必须把肮脏置于一种文化体系中才能被理解。另外，道格拉斯认为，社会除了有既成的文化秩序之外，还有很多处理“失范”的措施，如重新解释失范、通过身体控制消除失范、回避失范、失范的事件或个人被视为危险的、通过仪式提升失范等。不仅如此，道格拉斯还指出，宇宙论的观念与社会生活的类型之间有系统的关系，她还通过“格”和“群”将社会分为四种类型：强群强格社会、强群弱格社会、弱群弱格社会、弱群强格社会。[①]在道格拉斯后30年的学术生涯中，她不断地修正“格/群”文化理论并在不同的社会科学领域检验该理论的有效性。该理论虽受到不同程度的质疑，但道格拉斯试图透过宗教文化的表象探讨社会问题，打通宗教研究和其他社会科学研究间的隔阂的努力将不会被抹杀。

冼奕在《象征人类学述评》[②]、张雯在《象征人类学三家谈》[③]文中将道格拉斯作为象征人类学的一个主要代表人物进行介绍。在前文中，作者在介绍了道格拉斯对于食物禁忌和洁净问题的研究之后，着重指出道格拉斯所提出的仪式与现代性的关系问题。在道格

① 金泽：《宗教人类学学说史纲要》，见前引，第293—299页。

② 冼奕：《象征人类学述评》，《经济与社会发展》2008年第2期，第132—138页。

③ 张雯：《象征人类学三家谈》，《理论界》2008年第3期，第175—176页。

拉斯看来，仪式与现代性没有必然联系，重视仪式的不一定就是原始民族或部落，反之，注重理性的民族也不一定就是现代性民族。在后文中，作者指出道格拉斯的象征人类学主要是围绕“象征”和“社会结构”的关键概念，研究了对认知和分类体系的社会秩序建构作用的分析、对社会结构的特征和象征构造的相关性的分析两方面内容。

李洁在《肮脏与失序》[①]、胡宗泽在《洁净、肮脏与社会秩序》[②]、万建中在《关于忌食猪肉的人类学解释》[③]文中集中探讨了道格拉斯在《洁净与危险》一书中所提出的相关理论。李文指出，道格拉斯通过对可见的实体洁净与肮脏的分析后得出，洁净与肮脏其实体现了有序与无序、守制与出轨、生存与死亡这样三种联系，不洁或者肮脏是指在维持一种模式的平衡时，被排斥在外的那些东西，即那些超出了分类的、反常的或者意向不明的东西。胡文中，作者指出道格拉斯认为传统的宗教界定过于狭隘，要想整合人类的所有经

① 李洁：《肮脏与失序——读玛丽·道格拉斯之〈洁净与危险〉》，《中国农业大学学报（社会科学版）》2007年第4期，第190—193页。

② 胡宗泽：《洁净、肮脏与社会秩序——读玛丽·道格拉斯〈洁净与危险〉》，《民俗研究》1998年第1期，第80—85页。

③ 万建中：《关于忌食猪肉的人类学解释》，《宝鸡文理学院学报（社会科学版）》2003年第6期，第38—43页。

验，要想全面地理解社会秩序的建构，就必须使宗教观包容污染信仰和巫术信仰，并且要从社会学的视角，从仪式与社会秩序间紧密联系的角度进行探讨。作者认为道格拉斯的《洁净与危险》就是在这一思路指导下而问世的。万文综述了对禁食猪肉的各种各样的解释后指出，道格拉斯通过分类观念来解释猪肉禁食规则，一方面提供了新的视角和解释方法；另一方面带有简单化、扩大化和绝对化的偏向，完全忽视了希伯来人的社会活动和历史发展的动因。

除上述三篇文章外，实际上道格拉斯关于洁净与污染的观念一直被关注。一个很明显的表现是不断有书评类文章出现，如任杰慧等的《危险与秩序——〈洁净与危险〉读后感》[①]、方明的《解读〈洁净与危险〉》[②]、马永吉的《当象征遭遇结构——读玛丽·道格拉斯的〈洁净与危险〉》[③]、乔小河的《贡献和质疑：从内外向度评价玛丽·道格拉斯的分类思想》[④]、李琴的《禁忌何以

① 任杰慧、张军：《危险与秩序——〈洁净与危险〉读后感》，《法制与社会》2012年第10期，第178—179页。

② 方明：《解读〈洁净与危险〉》，《文教资料》2012年第10期，第89—90页。

③ 马永吉：《当象征遭遇结构——读玛丽·道格拉斯的〈洁净与危险〉》，《才智》2017年第8期，第232—234页。

④ 乔小河：《贡献和质疑：从内外向度评价玛丽·道格拉斯的分类思想》，《民族艺林》2017年第2期，第30—37页。

存在——读玛丽·道格拉斯的〈洁净与危险〉》[①]等。另有多篇文章在探讨具体问题时讨论或借鉴了道格拉斯在《洁净与危险》当中提出的相关理论观点，如彭兆荣的《“野食”：饮食安全的红线》[②]、张江华的《人以为秽而彼则不啻珍错——中国西南地区一种“异味”食品的社会生活》[③]、周星的《“污秽/洁净”观念的变迁与“厕所革命”》[④]、赵桅的《傣族文化分类下的“琵琶鬼”现象解读——以西双版纳傣族为例》[⑤]、禹虹等的《场景、分类与符号转换：回族油香的人类学阐释》[⑥]、盖媛瑾等的《苗族村寨“扫寨”仪式与社会秩序建构——对黔东南郎德上寨“扫寨”仪式的文化人类学考察》[⑦]、王雪晔的《以“秽”抗争：表演式抗争实践中

---

① 李琴：《禁忌何以存在——读玛丽·道格拉斯的〈洁净与危险〉》，《唐山文学》2019年第9期，第156—159页。

② 彭兆荣：《“野食”：饮食安全的红线》，《北方民族大学学报》2020年第3期，第71—78页。

③ 张江华：《人以为秽而彼则不啻珍错——中国西南地区一种“异味”食品的社会生活》，《民族学刊》2019年第1期，第31—38、105—107页。

④ 周星：《“污秽/洁净”观念的变迁与“厕所革命”》，《云南师范大学学报（哲学社会科学版）》2019年第1期，第85—97页。

⑤ 赵桅：《傣族文化分类下的“琵琶鬼”现象解读——以西双版纳傣族为例》，《中央民族大学学报（哲学社会科学版）》2011年第2期，第56—59页。

⑥ 禹虹、李德宽：《场景、分类与符号转换：回族油香的人类学阐释》，《北方民族大学学报（哲学社会科学版）》2011年第2期，第111—118页。

⑦ 盖媛瑾、吴红梅、陈志永：《苗族村寨“扫寨”仪式与社会秩序建构——对黔东南郎德上寨“扫寨”仪式的文化人类学考察》，《黑龙江民族丛刊》2019年第6期，第115—123页。

的“秽”话语及其视觉生产》[①]、熊威的《从洁净到污秽：德昂族牛文化研究》[②]等。

鲍磊在《“格栅/群体”分析：玛丽·道格拉斯的文化研究图式》[③]一文中，比较了道格拉斯前后提出的三种不同版本的图式之间的异同，并认为这几种图式在发展中有如下几个特点：首先，不再局限于分为四个象限，而是有了更多的讨论；其次，指出每一种文化都是在同其他文化比较中进行自我界定的；最后，该图式为弥补其静态研究的缺陷，增加了对同一个社会内不同文化间的冲突的研究。作者指出，不能将道格拉斯的这种文化研究图式看成是固定的教条和静止的框架，而应将其看作是一种“理想类型”加以运用。

梁永佳在《玛丽·道格拉斯所著〈洁净与危险〉和〈自然象征〉的天主教背景》[④]中探讨了道格拉斯的天主教信仰对其学术作品的影响。作者指出，道格拉

① 王雪晔：《以“秽”抗争：表演式抗争实践中的“秽”话语及其视觉生产》，《新闻大学》2018年第4期，第16—23、150页。

② 熊威：《从洁净到污秽：德昂族牛文化研究》，《民间文化论坛》2021年第1期，第82—89页。

③ 鲍磊：《“格栅/群体”分析：玛丽·道格拉斯的文化研究图式》，《青海民族研究》2008年第3期，第13—17页。

④ 梁永佳：《玛丽·道格拉斯所著〈洁净与危险〉和〈自然象征〉的天主教背景》，《西北民族研究》2007年第4期，第93—97页。

斯用社会解释《圣经》，并引入民族志做比较，似乎在告诉读者，信仰不仅仅是“心诚”，《圣经》本身就充满了“繁文缛节”，因为它折射了社会的原则，而且与其他社会是共通的。作者认为道格拉斯通过《洁净与危险》捍卫了一个天主教徒的学术立场。同样，《自然象征》的写作也是为回应20世纪60年代的反仪式主义。在作者看来，道格拉斯认为仪式与观念通过象征对应，身体经验与社会类型通过象征对应，这是很“自然”的事情，天主教在这一点上没有认识上的错误，不能在圣公会的反仪式主义面前自惭形秽。

周雪光在《制度是如何思维的？》[①]一文中，对道格拉斯的《制度如何思考》一书进行了评述。他认为，道格拉斯在书中试图拯救涂尔干的功能理论，而对经济学中的理性选择观念提出质疑。她认为在一定的社会结构条件下，人们追逐个人利益的行为会产生“潜在功能”，从而导致有益于群体整合的观念制度的产生和延续。她同时还指出，社会约定俗成的规则通过自然化过程而获得了神圣性和稳定性；制度通过赋予人们“身份”、塑造社会群体的记忆和遗忘功能、对事物

① 周雪光：《制度是如何思维的？》，《读书》2001年第4期，第10—18页。

加以分类而运行，简言之，制度正是通过制约于它的人们的思维方式和行为习惯而进行思维的。

黄剑波等的《分类、制度与有秩序的宇宙——以〈制度如何思考〉为中心的讨论》[1]一文同样也讨论道格拉斯关于“制度如何思考”的议题。该文将《制度如何思考》一书所涉及的观点放置于道格拉斯整个学术生涯的脉络中进行考察，对道格拉斯的天主教背景和理论关怀等进行了深度剖析。

关于道格拉斯的风险理论的讨论也不断发展，这方面的文章如黄剑波等的《玛丽·道格拉斯的风险研究及其理论脉络》[2]、夏玉珍等的《当代西方风险社会理论：解读与讨论》[3]、杨晓龙等的《近几年风险社会研究述评》[4]、张云昊的《社会风险的整合治理机制与模型建构》[5]、朱一凡的《回到生活：理解和化解当代风险的一

---

① 黄剑波、熊畅：《分类、制度与有秩序的宇宙——以〈制度如何思考〉为中心的讨论》，《原生态民族文化学刊》2021年第3期，第48—57、154页。

② 黄剑波、熊畅：《玛丽·道格拉斯的风险研究及其理论脉络》，《思想战线》2019年第4期，第13—21页。

③ 夏玉珍、郝建梅：《当代西方风险社会理论：解读与讨论》，《学习与实践》2007年第10期，第120—128页。

④ 杨晓龙、王鹤岩、宫娜：《近几年风险社会研究述评》，《西安电子科技大学学报（社会科学版）》2011年第2期，第70—74页。

⑤ 张云昊：《社会风险的整合治理机制与模型建构》，《南京农业大学学报(社会科学版)》2011年第4期，第128—132、138页。

个视角——基于三位社会学家的风险观》[①]、贾彦艳译的布莱登·斯瓦德洛的《文化理论对政治学的贡献》[②]、鲍磊的《文化视野下的风险——道格拉斯的文化与风险思想探析》[③]等。

此外，张淑华的《网络阶层分化：危机及“机会之窗”——格栅/群体分析的视角》[④]探讨了在面对网络阶层分化危机时，道格拉斯的“格/群”文化理论所能带来的启发。另有一些文章，如杨绘荣的《政治文化复兴中的文化模式理论》[⑤]和《复兴中的政治文化》[⑥]、夏建中的《消费社会学的主要理论视角》[⑦]、罗钢的《西方消费文化理论述评（上）》[⑧]和《西方消费文化理论述评

---

① 朱一凡：《回到生活：理解和化解当代风险的一个视角——基于三位社会学家的风险观》，《国际公关》2021年第8期，第67—69页。

② 〔美〕斯瓦德洛：《文化理论对政治学的贡献》，贾彦艳译，《国外理论动态》2012年第5期，第103—107页。

③ 鲍磊：《文化视野下的风险——道格拉斯的文化与风险思想探析》，《学习与实践》2006年第6期，第137—142页。

④ 张淑华：《网络阶层分化：危机及“机会之窗”——格栅/群体分析的视角》，《新闻爱好者》2018年第10期，第23—28页。

⑤ 杨绘荣：《政治文化复兴中的文化模式理论》，《贵州大学学报（社会科学版）》2009年第4期，第28—32、39页。

⑥ 杨绘荣：《复兴中的政治文化——维尔达夫斯基的文化模式理论浅析》，《黑龙江社会科学》2009年第4期，第38—41页。

⑦ 夏建中：《消费社会学的主要理论视角》，《郑州轻工业学院学报（社会科学版）》2007年第5期，第20—26页。

⑧ 罗钢：《西方消费文化理论述评（上）》，《国外理论动态》2003年第5期，第36—42页。

（下）》[①]、刘兵的《格/群分析理论与科学史研究》[②]、王晓玲的《我国行政性公共财产管理模式选择分析》[③]也都涉及道格拉斯的相关理论观点。

总之，国内对于洁净与污染问题的关注既有对于道格拉斯所提出的洁净与污染规则的讨论，也有将其规则用于分析具体情境的尝试。以边界要明确、位置须恰当为核心内容的看待洁净与污染问题的规则，是道格拉斯在对该问题的卫生学、道德、历史角度的解释基础上，建构起的一种统一地看待原始社会和现代社会洁净与污染观念与行为的理论建构。这一规则被提出后，因其解释力而成为看待洁净与污染问题的基本视角和理论构成。探索和揭示洁净与污染规则背后的文化-认知逻辑和社会-行为逻辑，有助于我们理解蕴含其中又超越其上的社会-文化建构的哲学意义和社会学意义。

---

① 罗钢：《西方消费文化理论述评（下）》，《国外理论动态》2003年第6期，第32—36页。

② 刘兵：《格/群分析理论与科学史研究》，《自然辩证法研究》1992年第7期，第36—42页。

③ 王晓玲：《我国行政性公共财产管理模式选择分析》，《会计之友》2009年第9期上，第12—14页。

参考文献

中文文献

范可:《困惑于“我们”与“他们”》,《读书》2018年第1期。

胡劼辰:《从“空间”到“位置”:论史密斯对伊利亚德“神圣空间”理论的批判》,《世界宗教文化》2021年第3期。

黄剑波、熊畅:《分类、制度与有秩序的宇宙——以〈制度如何思考〉为中心的讨论》,《原生态民族文化学刊》2021年第3期。

黄增喜:《从神圣到世俗——伊利亚德宗教史视野中的人与自然》,《世界宗教研究》2018年第5期。

教军章、张卓:《道格拉斯的制度生成理论及其超越意义》,《理论探讨》2015年9月。

金泽:《宗教禁忌》,社会科学文献出版社1998年版。

金泽:《宗教人类学导论》,宗教文化出版社2001年版。

金泽:《宗教人类学学说史纲要》,中国社会科学出版社2010年版。

金泽:《宗教学理论新探》,商务印书馆2022年版。

金泽:《如何理解宗教的“神圣性”》,《世界宗教文化》2015年第6期。

马健雄:《社会文化现象的象征意义及解读》,《思想战线》2004年第6期。

梅华龙：《希腊化和罗马时期犹太属性与饮食禁忌的对应关系》，《圣经文学研究（第20辑）》，宗教文化出版社2020年版，第34—76页。
彭兆荣：《人类学仪式研究述评》，《民族研究》2002年第2期。
乔小河：《贡献和质疑：从内外向度评价玛丽·道格拉斯的分类思想》，《民族艺林》2017年第2期。
史宗主编：《20世纪西方宗教人类学文选》，上海三联书店1995年版。
陶染春：《回汉两族“洁净”概念结构的对比分析——兼谈道格拉斯“分类秩序”理论》，《民族艺林》2015年11月。
万建中：《禁忌》，《民间文化论坛》2004年第5期。
万建中：《论民间禁忌的功能》，《民间文化论坛》2004年第3期。
汪民安：《身体、空间与后现代性》，江苏人民出版社2015年版。
王雪晔：《以“秽”抗争：表演式抗争实践中的“秽”话语及其视觉生产》，《新闻大学》2018年第4期。
王媖娴：《社会、文化与身体》，《理论界》2011年第9期。
熊威：《从洁净到污秽：德昂族牛文化研究》，《民间文化论坛》2021年第1期。
张百庆：《“越轨”与秩序——社会学与人类学相关研究之比较》，《思想战线》2002年第1期。
赵泽琳：《民族学视野下“物”的文化研究》，《民族艺林》2015年第1期。
钟良明：《论文化的质量及其度量》，《北京交通大学学报（社会科学版）》2005年第1期。
周雪光：《制度是如何思维的？》，《读书》2001年第4期。
〔德〕埃利亚斯，诺贝特：《文明的进程》，王佩莉、袁志英译，上海译文出版社2013年版。
〔英〕埃文思-普里查德，E. E.:《阿赞德人的巫术、神谕和魔法》，覃俐俐译，商务印书馆2006年版。
〔美〕奥尔，约翰:《英国自然神论：起源和结果》，周玄毅译，武汉大学出版社2008年版。
〔法〕巴塔耶，乔治:《色情》，张璐译，南京大学出版社2019年版。
〔英〕鲍伊，菲奥纳:《宗教人类学导论》，金泽、何其敏译，中国人民大学出版社2004年版。
〔英〕道格拉斯，玛丽:《洁净与危险——对污染和禁忌观念的分析》，黄剑波等译，商务印书馆2018年版。
〔英〕道格拉斯，玛丽:《原始心灵的知音：伊凡普理查》，蒋斌译，允晨文化实业股份有限公司1983年版。
〔英〕道格拉斯，玛丽:《制度如何思考》，张晨曲译，经济管理出版社2013年版。
〔英〕道格拉斯，玛丽:《自然象征——宇宙论的探索》，赵玉燕译，商务印书馆2023年版。
〔英〕道格拉斯，玛丽:《作为文学的〈利未记〉》，唐名翠等译，社会科学文献出版社2018年版。
〔法〕涂尔干，埃米尔:《社会分工论》，渠敬东译，生活·读书·新知三联书店2017年版。
〔法〕涂尔干，爱弥尔:《宗教生活的基本形式》，渠敬东、汲喆译，商务印书馆2020年版。
〔法〕涂尔干，爱弥尔、〔法〕马塞尔·莫斯:《原始分类》，汲喆译，商务印书馆2012年版。
〔法〕多斯，弗朗索瓦:《从结构到解构：法国20世纪思想主潮》（上、下卷），季广茂译，中央编译出版社2004年版。

〔英〕弗雷泽，J. G.:《金枝》，汪培基等译，商务印书馆2012年版。

〔奥〕弗洛伊德:《图腾与禁忌》，文良文化译，中央编译出版社2009年版。

〔法〕克里斯蒂瓦，朱莉娅:《恐怖的权力——论卑贱》，张新木译，商务印书馆2018年版。

〔澳〕克鲁克，斯蒂夫:《风险的秩序化》，穆易编译，《马克思主义与现实（双月刊）》2004年第4期。

〔芬〕拉格斯佩兹，奥利:《肮脏哲学》，沈敏一译，华中科技大学出版社2021年版。

〔英〕利奇，爱德蒙:《文化与交流》，郭凡、邹和译，中山大学出版社1990年版。

〔法〕列维-布留尔:《原始思维》，丁由译，商务印书馆1981年版。

〔美〕鲁斯，迈克尔:《达尔文主义者可以是基督徒吗？——科学与宗教的关系》，董素华译，山东人民出版社2011年版。

〔英〕马林诺夫斯基:《文化论》，费孝通等译，中国民间文艺出版社1987年版。

〔英〕马林诺夫斯基:《巫术、科学、宗教与神话》，李安宅译，中国民间文艺出版社1986年版。

〔英〕缪勒，麦克斯:《宗教的起源与发展》，金泽译，上海人民出版社2010年版。

〔法〕莫斯，马塞尔:《社会学与人类学》，佘碧平译，上海译文出版社2014年版。

〔美〕斯特伦著:《人与神——宗教生活的理解》，金泽、何其敏译，上海人民出版社1991年版。

〔英〕泰勒，爱德华：《原始文化》，连树声译，广西师范大学出版社2005年版。

〔英〕特纳，维克多：《象征之林》，赵玉燕等译，商务印书馆2006年版。

〔英〕特纳，维克多：《仪式过程：结构与反结构》，柳博赟译，中国人民大学出版社2006年版。

〔德〕韦伯，马克斯：《宗教社会学；宗教与世界》，康乐、简惠美译，广西师范大学出版社2011年版。

〔罗〕伊利亚德，米尔恰：《神圣与世俗》，王建光译，华夏出版社2002年版。

〔美〕伊利亚德，米尔恰：《宗教思想史》，晏可佳等译，上海社会科学院出版社2004年版。

〔美〕英格，J. M.：《宗教的科学研究》，金泽译，中国社会科学出版社2009年版。

〔美〕詹姆斯，威廉：《宗教经验之种种》，尚新建译，华夏出版社2008年版。

外文文献

Douglas, Mary (ed.). *Witchcraft: Confessions and Accusations.* London and New York: Tavistock Publications, 1970.

Douglas, Mary. *Cultural Bias.* London: Royal Anthropological Institute of Great Britain and Ireland, 1978.

Douglas, Mary. *Essays in the Sociology of Perception.* London and Boston: Routledge and Kegan Paul, 1982.

Douglas, Mary. *In the Active Voice.* London and Boston: Routledge and Kegan Paul, 1982.

Douglas, Mary. *Food in the Social Order: Studies of Food and Festivities in Three American Communities.* New York: Russell Sage Foundation, 1984.

Douglas, Mary. *Risk Acceptability According to the Social Science.* New York: Russell Sage Foundation, 1985.

Douglas, Mary. *Risk and Blame: Essays in Cultural Theory.* London and Yew York: Routledge, 1992.

Douglas, Mary. *Thought Styles: Critical Essays on Good Taste.* London: Sage Publications, 1996.

Douglas, Mary. *Implicit Meanings: Essays in Anthropology*, 2 edition, London and New York: Routledge, 1999.

Douglas, Mary. *Constructive Drinking: Perspective on Drink from Anthropology.* London and New York: Routledge, 2003.

Douglas, Mary. *Jocob's Tears.* New York: Oxford University Press, 2004.

Douglas, Mary. *Thinking in Circles: An Essay on Ring Composition.* New Haven and London: Yale University Press, 2007.

Douglas, Mary and Baron Isherwood. *The World of Goods.* London and New York: Basic Books, 1979.

Douglas, Mary and Steven Ney. *Missing Persons: A Critique of the Social Sciences.* Berkeley and Los Angeles: University of California Press, 1998.

Douglas, Mary and Aaron Wildavski. *Risk and Culture: An Essay on the Selection of Technical and Environmental Dangers.* Berkeley and

Los Angeles: University of California Press, 1982.

Douglas, Mary (ed.). *Man in Society: Patterns of Human Organization.* London: Macdonald Co. Ltd., 1964.

Douglas, Mary (ed.). *Religion and America: Spiritual Life in a Secular Age.* Boston: Beacon Press, 1983.

Eliade, Mircea. *Autobiography, Volume II: 1937–1960, Exile's Odyssey.* Chicago: University of Chicago Press, 1988.

Evans-Prichard. *Theories of Primitive Religion.* New York: Oxford University Press, 1965.

Fardon, Richard. *Mary Douglas: An Intellectual Biography.* London and New York: Routledge, 1999.

Lambek, Michael (ed.). *A Reader in the Anthropology of Religion.* Oxford: Blackwell Publisher Inc., 2002.

Nussbaum, Martha C.. "Secret Sewers of Vice: Disgust, Bodies, and the Law." In *The Passions of Law,* ed. Susan Bandes. New York: NYU Press, 1999.

Okely, Judith. *The Traveller-Gypsies.* Cambridge: Cambridge University Press, 1983.

Riviere, Peter (ed.). *A History of Oxford Anthropology.* New York and Oxford: Berghahn Books, 2007.

图书在版编目（CIP）数据

洁净与污染 / 陈锐钢著. — 北京：商务印书馆, 2024. —（宗教学关键词 / 金泽主编）. — ISBN 978 - 7 - 100 - 24190 - 8

Ⅰ. B920

中国国家版本馆 CIP 数据核字第2024DL2760号

宗教学关键词（第一辑）

洁净与污染

陈锐钢　著

商务印书馆出版
（北京王府井大街36号　邮政编码 100710）
商务印书馆发行
山东临沂新华印刷物流集团有限责任公司印刷
ISBN　978 - 7 - 100 - 24190 - 8

2024年8月第1版　　开本 889×1194　1/32
2024年8月第1次印刷　　印张 4⅝

定价：158.00元（全七册）